WLADIMIR KAMINER

Diesseits von Eden
Neues aus dem Garten

W0074070

GOLDMANN
Lesen erleben

Buch

Seit sie ihren Berliner Schrebergarten aufgeben mussten – ein Übermaß
an „spontaner Vegetation" hatte für Probleme gesorgt –, waren Wladimir
Kaminer und seine Familie auf der Suche nach einem neuen Paradies.
Ein Garten Eden in kleinem Maßstab sollte es sein, wo niemand ihnen
Vorschriften machen konnte. Schließlich wurden sie in Glücklitz fündig,
einem Ort im Brandenburgischen. Hier pflanzt Wladimirs Frau Olga nun
ungestört bunte Blumenbeete, sein Sohn hat eine Rettichplantage angelegt, und Wladimir lauscht den Gedanken der Fische im Glücklitzer See.
Die Dorfbewohner schließen schon bald Freundschaft mit ihren neuen
Nachbarn, und es dauert nicht lange, bis die Glücklitzer bei der ersten
Dorf-Russendisko die Beine schwingen. Und auch ohne Disko sorgen
unter anderem Herr Köpke, der Schlüsselwart Mathias und Landbaron
Heiner dafür, dass es nie langweilig wird. Eines ist Wladimir jedenfalls
schnell klar: Die Ruhe in Glücklitz ist trügerisch. An jeder Ecke gibt es
etwas zu entdecken, und die Geschichten liegen auf der Dorfstraße …

Weitere Informationen zu Wladimir Kaminer
sowie zu lieferbaren Titeln des Autors
finden Sie am Ende des Buches.

Wladimir Kaminer

Diesseits von Eden

Neues
aus dem Garten

GOLDMANN

Dieses Buch ist auch als E-Book erhältlich

MIX
Papier aus verantwor-
tungsvollen Quellen
FSC® C014496

Verlagsgruppe Random House FSC® N001967
Das FSC®-zertifizierte Papier *Pamo House* für dieses Buch
liefert Arctic Paper Mochenwangen GmbH.

1. Auflage
Taschenbuchausgabe März 2015
Copyright © der Originalausgabe
2013 by Wladimir Kaminer
Copyright © dieser Ausgabe 2013
by Wilhelm Goldmann Verlag, München,
in der Verlagsgruppe Random House GmbH
Umschlaggestaltung: UNO Werbeagentur, München,
unter Verwendung der Gestaltung und Konzeption
von buxdesign | München
unter Verwendung eines Autorenfotos
von Urban Zintel, © 2013
AB · Herstellung: Str.
Druck und Bindung: GGP Media GmbH, Pößneck
Printed in Germany
ISBN 978-3-442-48177-4
www.goldmann-verlag.de

Besuchen Sie den Goldmann Verlag im Netz

Und mich sollte nicht jammern?

Gott

Denn ihr habt fünf Bäume im Paradies, die verändern sich nicht, weder im Sommer noch im Winter, und deren Blätter fallen nicht. Derjenige, der sie kennt, wird den Tod nicht schmecken.

Thomasevangelium, Vers 19

Alle hier beschriebenen Menschen, Pflanzen, Vögel, Insekten und Fische, Ortschaften, Fahrzeuge und Gebäude, Steine und Seen, Träume und Zweifel sind absolut real. Das trifft auch auf den Autor und seine vielköpfige Sippe zu.

Inhalt

INHALT

Auf zum neuen Garten!

Seit ich in Deutschland bin, werde ich hier als etwas Besonderes, nämlich als Mensch mit »Migrationshintergrund« behandelt. Eigentlich schleppe ich diesen Hintergrund ein Leben lang mit mir herum. Früher in der Sowjetunion war ich ein Fremder, weil in meinem Pass unter Nationalität »Jude« stand, also etwas nicht ganz Dazugehöriges. In Deutschland bin ich zum Russen geworden. Als solcher werde ich toleriert oder geduldet, bewundert, verschmäht und manchmal auch integriert. Dabei ist ein Migrationshintergrund etwas, das alle Menschen besitzen. Sie sind dazu verdammt, ihr Leben lang immer wieder ihre gewohnte Umgebung zu verlassen, sei es die Schule, die Familie oder Mutters Bauch. Sie brechen aus, um in der Fremde das Glück zu suchen. Und wenn sie selbst zu faul zum Verreisen sind, werden sie vertrieben, vom Staat, von der Verwandtschaft oder von der klugen Mutter Natur. Sie weiß, wenn Menschen zu lange an einem Ort bleiben, geht dieser Ort kaputt.

Auch die ersten Menschen wurden bekanntermaßen von Gott aus dem paradiesischen Garten Eden vertrieben, nachdem sie angefangen hatten, dort ihre Orgien zu veranstalten. Sicher fiel Gott damals diese Entscheidung nicht leicht, doch man kann ihn schon verstehen. Nicht auszudenken, wie der Garten ausgesehen hätte, wären die Menschen dort weiter geblieben. Sie zogen los, nahmen ein paar Pflanzen und die Schlange mit, ohne groß darüber nachzudenken, was genau passiert war. Sie lebten mal hier, mal dort. Doch schnell merkten sie, ganz ohne Garten macht das Leben keinen Spaß. Also fingen die Menschen an, überall wo sie sich ansiedelten eigene Gärten anzulegen. Sie nannten sie später Schrebergärten. An manchen Stellen gelang es ihnen beinahe, ihren eigenen Garten Eden auf Erden zu erschaffen. An anderer Stelle hatten sie Pech.

Wir mussten unseren Schrebergarten nach vier Jahren abgeben. Wir hatten Probleme mit »Spontanvegetation«. Obwohl, was heißt hier Probleme? Es war ein Interessenkonflikt mit der Prüfungskommission des Schrebergartenvereins. Die Mitglieder dieser Kommission hatten klare Vorstellungen davon, wie jeder Garten auszusehen hatte. Sie wollten, dass alle Gärten gleich angelegt waren und die gleiche Anzahl von Bäumen und Büschen und Beeten hatten. Wir wollten in unserer Parzelle die Natur mitgestalten lassen, so kam es zu spontaner Vegetation. All unsere Einwände und

Auslassungen über die Vielfalt der Welt und dass nicht alle Gartenanlagen unbedingt gleich aussehen sollten, dass nicht jeder schöne Garten aus quadratischen Beeten mit Nutzgemüse bestehen muss, hatten nicht gefruchtet. Im Gegenteil, wir hatten damit sogar noch Öl ins Feuer gegossen. Irgendwann sagte meine Frau, die sowieso die Hauptgärtnerin war, sie wolle ihren Garten nicht mehr zusammen mit der Prüfungskommission bestellen, sondern lieber alleine. Sie beschloss, einen richtigen Garten zu suchen, einen möglichst großen Landgarten draußen in Brandenburg, ohne Gartenverein und ohne Prüfungskommission. Einen Garten, in dem jeder in jede Richtung spontan vegetieren konnte.

Gesagt – getan. Meine Frau recherchierte im Internet und fand ziemlich schnell das Gesuchte. Ein Haus mit Garten, in einem kleinen Ort namens Glücklitz, offiziell 300 Einwohner, gefühlt: 3. Das Haus stand direkt am Glücklitzer See auf einem Weinberg, der zum Haus gehörte, aber nicht zu verkaufen war. Die Verkäuferinnen, zwei Frauen, die sich rühmten, den nördlichsten Weinberg der Welt zu bestellen und den nördlichsten Rotwein der Erde zu produzieren, hatten das Grundstück selbst bebaut. Sie besaßen außer dem Weinberg noch ein Motorrad, drei Kinder, zwei Pferde und eine alte Mutter, die alle entweder kaputt beziehungsweise krank und auf fremde Hilfe angewiesen waren. Die beiden Frauen hatten sich sichtlich übernommen. Sie hatten ihren Traum vom Leben auf dem Lande realisiert, einiges dabei aber nicht berücksichtigt. Die Kinder mussten jeden Tag zur Schule, die Pferde zum Arzt, das Motorrad in die Werkstatt, und die alte Mutter konnte mit ihrem Rollstuhl auf dem Berg überhaupt nicht herumfahren. Eine falsche Bewegung und sie wäre ins Wasser gefallen. Glücklitz war eine von allen öffentlichen Einrichtungen befreite Zone, es gab dort weder Schule noch Arzt, von irgendeiner Motorradwerkstatt ganz zu schweigen. Es gab dort überhaupt keine Geschäfte, nicht einmal eine Bäckerei. Nur einen Friedhof, eine stets geschlossene Kirche und die freiwillige Feuerwehr, wo manchmal am frühen Samstagmorgen gefühlte drei Glücklitzer mit einer Kiste Bier auf einer Bank vor dem Eingang saßen und nachdenklich in die Ferne schauten. Nach langem innerem Kampf beschlossen die Frauen, das Haus zu verkaufen und mit dem Geld in einer rollstuhl- und kindergeeigneteren Gegend zu bauen.

Wir waren die idealen Käufer. Uns kümmerte die Abwesenheit von Bäckerei und Schule nicht. Wir wollten nichts um- oder dazubauen. Wir verlangten nicht das Gutachten des unabhängigen Architekten. Unsere Vorgängerinnen hatten in Glücklitz Großes vorgehabt, sie wollten ihren Lebenstraum verwirklichen. Wir wollten nur ein paar Pflanzen gießen, in der Sonne sitzen und ab und zu grillen, wie damals schon im Schrebergarten. Nur sollte uns dieses Mal keine Prüfungskommission dazwischenkommen. Das Geld fürs Haus hatten wir schnell zusammen, ein paar Freunde halfen uns. Wir hätten die Rebstöcke auch gekauft, einfach so aus Neugier, wie der nördlichste Rotwein der Erde schmeckte. Nur den Weinberg beschlossen die Frauen erst einmal für sich zu behalten. Wir hatten auch hier nichts dagegen.

Die einzige Frage, die uns Sorgen machte, war, wie wir unseren neuen Garten erreichen würden. Es fuhren nämlich keine Züge nach Glücklitz, ja, es gab überhaupt keine öffentlichen Verkehrsmittel, die uns dorthin bringen konnten. Es gab zwar einen Bus, der aber nur auf Vorbestellung und selbst dann unregelmäßig zu einem Dorf in der Nähe fuhr. Selbst wenn wir diesen Bus benutzen würden, müssten wir die Grillanlage die letzten fünf Kilometer auf den Schultern tragen. Kurzum, man brauchte ein Auto, um in Glücklitz glücklich zu werden. Weder meine Frau noch ich besaßen jedoch einen Führerschein. Ich bin in einer Großstadt geboren und aufgewachsen, in Moskau, und verfügte von daher über keine Erfahrung mit dem Leben auf dem Lande, wo man sich nur mit dem Auto fortbewegen konnte. In der zehnten Klasse der sowjetischen Schule, als die meisten Mitschüler im Rahmen einer sogenannten »Berufsqualifizierung« ihren Führerschein machten, war ich gerade nicht anwesend. Und später war mir nicht mehr danach. Wozu braucht der Mensch schon ein Auto?

Meine Frau träumte dagegen bereits seit Längerem vom schnellen Fahren und war schon in mehreren Berliner Fahrschulen bei den Prüfungen durchgefallen. Dazu muss gesagt werden, dass sie von eher zierlicher Gestalt ist. Den Prüfern gefiel nicht, dass sie zu wenig in den Rückspiegel schaute, zu wenig Abstand zu den vorbeifahrenden Autos hielt und zu wenig über die Schulter blickte. Ich glaube, meine Frau hatte damals einfach Pech mit ihren Fahrlehrern. Ich hatte bereits während meiner Dienstzeit bei der sowjetischen Armee einige Fahrzeuge gelenkt und wusste daher ungefähr, wie das ging. Ich hatte sogar den Schulterblick drauf. Obwohl vor unserer Kaserne insgesamt nur zwei Fahrzeuge standen, blieb die Wahrscheinlichkeit, dass sie eines Tages zusammenstoßen würden, immer gleich 50:50, hatte unser Vorgesetzter behauptet. Entweder sie kollidieren oder sie kollidieren nicht, sagte der Oberst immer wieder. Ich war mir nicht sicher, ob meine Armee-Erfahrungen mir helfen würden, die Fahrprüfung zu bestehen. Bei einem Berliner Führerschein geht es nicht nur darum, die richtigen Pedale im Fahrzeug zu treffen, sondern vorausschauend zu fahren, um den anderen überforderten Berliner Autofahrern keine zusätzlichen Schwierigkeiten zu machen.

Die Wege der Menschen sind, wie Gottes Wege, unergründlich. Oft beginnt so ein Weg sehr weit vom Ziel entfernt. Unser Weg in den Garten begann mit dem

Besuch einer Fahrschule. Meine Frau und ich gingen, ohne lange zu überlegen, in die nächstbeste Fahrschule, die sich in unserer Straße und nur drei Schritte von unserer Wohnung entfernt befand. Sie hieß »Fahrschule Milde« – trug also den Namen ihres Besitzers. Unser Fahrlehrer Martin, eine Seele von Mensch, war gelernter Bäcker und Konditor. Am liebsten backte er große Torten und hatte sich sogar mit einer eigenen Erfindung einen Namen in der Welt der Süßigkeitenproduktion gemacht. Martin hatte einen besonders feinen Kuvertüre-Schreibstift erfunden, eine Tube, mit der man auf großen Torten Geburtstagsgrüße, Namen oder einen ganzen Brief schreiben konnte, so deutlich und unverwüstlich, dass der Gruß oder der Name auch dann noch da waren, wenn die Torte längst gegessen war. Nach einigen Jahren Berufsleben stellte man bei Martin jedoch eine Mehlallergie fest, die ihm jede weitere Tätigkeit in der Konditorbranche unmöglich machte. Er ließ die Torten links liegen und wurde Fahrlehrer.

Als Erstes fragte ich ihn, ob ich nicht zu alt sei, um vorausschauendes Fahren zu lernen. Ging es überhaupt noch, einem Mann oder einer Frau, die nicht mehr zwanzig waren, das Autofahren in einer Großstadt beizubringen? Oft wird behauptet, ab einem bestimmten Alter seien Menschen nicht mehr lernfähig. In Singapur, wo man für alle möglichen großen und kleinen Verbrechen Bambushiebe verordnet bekommt, werden

Verbrecher ab dem fünfzigsten Lebensjahr nicht mehr geschlagen, weil die Richter dort der Meinung sind, das bringe bei älteren Menschen sowieso nichts, da wäre ohnehin nicht mehr viel zu ändern.

Er habe schon mal eine Schülerin gehabt, die sah aus wie achtzig, fuhr aber, als wäre sie 29, beruhigte mich Martin und drückte mir die Autoschlüssel des Fahrschul-Audis in die Hand. Es war nicht einmal besonders schwer, den Verkehrsregeln entsprechend in der Stadt zu fahren. Das Problem dabei war nur, dass man kaum vorankam, wenn man all diese Regeln penibel beachtete. Überall gab es verkehrsberuhigte Zonen, Tempo-30-Zonen, Baustellen oder Fahrbahnschäden, Schulbusse und Kindergärten. Ich fragte Martin politisch korrekt, ob er schon wisse, wann das Verkehrsschild für Aussteigen und Schieben komme. Er lächelte und sagte mit seiner üblichen Logik, meine primäre Aufgabe als Fahrschüler sei es nicht, schnell voranzukommen, sondern die Fahrprüfung zu bestehen. Und dazu müssten wir uns mit erhöhter Aufmerksamkeit durch die Straßen bewegen, schön in die Spiegel schauen und immer alle Verkehrszeichen beachten. Wenn wir aber die Prüfung bestanden hätten, würde man mich meiner eigenen Verantwortung überlassen.

Und tatsächlich sah ich, dass die meisten Verkehrsteilnehmer, die nicht in einem Auto mit dem Schild »Fahrschule« auf dem Dach unterwegs waren, einen ganz anderen Fahrstil pflegten. Sie fuhren viel schneller, als die Verkehrsschilder zur Geschwindigkeitsbegrenzung erlaubten, sie gingen weniger galant miteinander um und vergaßen ständig zu blinken, wenn sie die Spur wechselten. Sie hatten ja alle schon ihren Führerschein, obwohl man sich bei vielen wunderte, aus welcher unverantwortlichen Hand er oder sie dieses Dokument erhalten hatte.

Mit dem Audi der Fahrschule machte ich einen auf perfekten Fahrer. Ich lernte, Fußgänger als gleichberechtigte Teilnehmer des Straßenverkehrs zu akzeptieren, obwohl sie keine Räder haben. Ich lernte, Fahrradfahrer nicht zu überholen, obwohl sie provozierend mit ihrem Fahrradgestell vor meiner Nase wackelten. Und ich lernte, ausreichenden Abstand zu allem einzuhalten, was sich links und rechts von mir bewegte oder stand.

Abends gab es Theorie-Unterricht. Zu jedem Kapitel aus dem Lehrbuch hatte unser Fahrschullehrer eine lustige Geschichte aus dem Leben parat, die ihm oder einem Freund passiert war. Auf den Plakaten, die während des Theorieunterrichts an den Wänden des Fahrschulraums hingen, fuhren jede Menge Traktoren, Pferdewagen, Rennwagen und LKWs. Es war in vielen Situationen unklar, wer wem die Vorfahrt lassen musste. Ich lernte zu Hause die Prüfungsfragen und freute mich über dieses Studium. Schon lange hatte ich nichts mehr auswendig lernen müssen, und nun dieses vorausschauende Fahren. Theorie und Praxis klafften allerdings stark auseinander, wenn ich mich hinter das Lenkrad klemmte.

Ehrlich gesagt hatte ich, bevor ich zur Fahrschule ging, im Urlaub schon ein wenig geübt, im Nordkaukasus, wo wir bei der Familie meiner Frau traditionell jedes Jahr im August ein paar Wochen verbringen. Die kaukasische Familie ist groß und hat zwei Fahrzeuge, einen alten geschlagenen und geschundenen Opel Vectra, mit dem der Ehemann der jüngsten Tochter des Bruders meiner Schwiegermutter fährt, und einen nagelneuen französischen Siebensitzer von Renault, der vom Bruder der Schwiegermutter persönlich gelenkt wird. Ich dachte, bevor ich in eine deutsche Fahrschule gehe, werde ich im Urlaub das Nützliche mit dem Spaßigen verbinden und ein wenig mit dem einen oder anderen Wagen herumfahren. Man händigte mir widerstandslos die Autoschlüssel aus. Ich fuhr sowohl mit dem Opel als auch dem Renault, musste aber schnell einsehen, dass dieses Herumfahren mir keine neuen Erkenntnisse über das Autofahren einbrachte. Das Problem war: Man kann im Nordkaukasus kein vorausschauendes Fahren lernen. Es hat dort keinen Sinn zu blinken, ob nun als Links- oder Rechtsabbieger. Es gibt dort auch nur sehr wenige Verkehrszeichen, höchstens eines pro Dorf, und Vorfahrtsangelegenheiten werden nach der Größe des Autos geregelt: Das größte Auto hat immer Vorfahrt. Manchmal allerdings auch das schnellere, wenn es rasch genug an der Kreuzung Gas gibt.

Nein, für Berlin konnte man im Kaukasus nichts Brauchbares lernen. Als wir von dort zurückkamen, musste ich als Fahrschüler nun vielmehr die kaukasischen Fahrgewohnheiten mühsam wieder vergessen und auf die kleineren Verkehrsteilnehmer achten, die lebensmüden Omas, die einem unter die Räder laufen, die Fahrradfahrer, die mit dem Rad hin und her schwenken, und die unentschlossenen kleinen Frauen am Lenkrad großer schwarzer Fahrzeuge, die sich vor keiner Ampel entscheiden können, ob sie links oder rechts fahren oder doch einfach stehen bleiben sollen.

Anfangs drehte ich mich im Fahrersitz wie eine Natter in der heißen Pfanne, ich wollte so viele Blicke nach allen Seiten werfen, wie es nur ging. Ein paar richtige werden schon dabei sein, dachte ich. Mein Fahrlehrer erzählte mir jedoch, dass es so nicht ging. Man musste ein Grundvertrauen in andere Verkehrsteilnehmer haben, auch wenn es einem schwerfiel. Schnell hakten wir die notwendigen Stunden ab, lernten wenden und parken, und zwischendurch absolvierte ich die Theorieprüfung. Bei Tausenden von Theoriefragen musste man eigentlich nur bestimmte Wörter auswendig lernen, die immer für die richtige beziehungsweise falsche Antwort standen. Wenn zum Beispiel in einer der möglichen Antworten Ausdrücke wie »Schrittgeschwindigkeit« oder

»erhöhte Aufmerksamkeit« standen, konnte man sicher sein, dass das die richtige war. Die Antwort »hupen und weiterfahren« deutete dagegen in jeder Situation auf falsches Verhalten hin. Diese Wendung kam so oft in dem Lehrbuch für angehende Autofahrer vor, dass sie zu einem geflügelten Wort in unserer Familie wurde. Wenn etwas Unvorhergesehenes passiert, das einem leidtut, sagen wir seitdem: »Scheiß drauf. Hupen und weiterfahren.«

Trotz der vermeintlichen Einfachheit sah ich bei der Theorieprüfung viele, die sie nicht bestanden. Eine Russin weinte sogar im Korridor der Prüfstelle bittere Tränen und wurde dazu noch von ihrem Mann beschimpft.

»Das ist schon deine siebte Prüfung!«, schrie er, »eine solche Geldverschwendung können wir uns nicht leisten!«

»Ich verstehe die Fragen nicht«, gab die Blondine zu.

»Bist du blond oder was?«, rief der Mann. Es hörte sich nicht nach echter Liebe an.

Mit der bestandenen Theorieprüfung stand nun der praktischen Fahrprüfung nichts mehr im Weg. Ich absolvierte eine Fahrt auf der Landstraße, musste einen Traktor überholen und einem Pferd ausweichen, fuhr drei Stunden lang auf der Autobahn und lernte Auf- und Abfahrten richtig zu benutzen.

Die Zeit läuft anders, wenn man schnell fährt. Als

meine Frau und ich mit der Fahrschule anfingen, flogen noch die Marienkäfer durch die Luft, halbnackte Berlinerinnen und Berliner lagen im Gras und sonnten sich. Der Sommer ging, ihm folgte der Herbst, schließlich bereitete sich die Stadt auf Weihnachten vor, und wir waren noch immer nicht mit der Fahrschule fertig. Der Schnee fiel für die Jahreszeit völlig unerwartet mitten im Dezember, und wie aus dem heiteren Himmel verschüttete und überraschte er die Stadt und das ganze Land. Züge blieben stehen, Weichen froren ein, den deutschen Flughäfen ging die Enteisungsflüssigkeit aus, und die Autobahnen machten dicht. Die Bahn riet sogar von Bahnfahrten ab, Fluggesellschaften warben fürs Nichtfliegen, Autofahrer wurden mit Warnungen terrorisiert.

Martin sagte, er hätte in diesem Jahr sowieso keine Termine für die Prüfung mehr, wir müssten sie aufs neue Jahr verschieben. Meine Nachtfahrt absolvierte ich noch kurz vor Weihnachten im bis zum Deckel verschneiten Berlin, auch ein paar zusätzliche Stunden im Schnee ließ ich mir nicht entgehen. Trotzdem meinte Martin, ein Perfektionist in seinem Fach, ich sei noch nicht so weit. Bei der letzten Fahrt hätte ich in einem mit Schnee bedeckten Volkswagen den Schulbus nicht erkannt und ihn deswegen nicht mit der vorgeschriebenen Schrittgeschwindigkeit überholt. Das wäre das Ende meiner Prüfung gewesen, erklärte mir Martin.

Also beschlossen wir, weiter zu trainieren. Die Stadt schmückte sich mit Girlanden, frohe Bürger schleppten große Tannen nach Hause, ich fuhr vorausschauend und freundlich von Prenzlauer Berg bis nach Marzahn und zurück, Innenspiegel, Außenspiegel, Schulterblick. Sogar im Schlaf träumte ich davon, wie mir als Linksabbieger auf einem Straßenbahngleis plötzlich der Motor absoff. Für alle Fälle fuhren wir eine Runde an der Prüfstelle vorbei.

»Wenn der Prüfer ins Auto steigt, wird er dich zuerst begrüßen, dann sich vorstellen und erkundigen, ob du Fragen hast. Da musst du ihm bloß eine Frage stellen: ob du nach rechts oder nach links fahren sollst«, erklärte Martin.

Von der Prüfstelle führte eine Einbahnstraße weg, deswegen musste man sich als Linksabbieger gleich links, als Rechtsabbieger rechts positionieren. Während Martin mich unterrichtete, fuhr eine Linksabbiegerin mit einem Prüfer im Auto direkt auf uns zu. Sie hatte die Spur verwechselt, war nach dem Abbiegen auf der falschen Seite angekommen und in den Gegenverkehr geraten. Nach drei Minuten war ihre Prüfung also schon gelaufen. Ich sah, wie die Frau beinahe weinte, und beschloss, erst einmal Weihnachten und Silvester zu feiern und dann mit neuer Kraft die Fahrlehre fortzusetzen.

Die langweiligsten deutschen Feiertage begannen wie immer damit, dass alle Geschäfte zumachten und die

Straßen menschenleer wurden. Das ganze gesellschaftliche Leben fror ein. Obwohl ich ein Familienmensch bin, mag ich die deutsche Art, Weihnachten zu feiern, nicht. Natürlich ist es ab und zu mal nett, mit der Familie zusammen bei Kerzenlicht am Tisch zu sitzen, doch das soll nicht nach dem Kalender, sondern nach eigener Lust und Laune passieren. Die Deutschen feiern mir Weihnachten zu pedantisch und diszipliniert, auf Befehl quasi. Wie Soldaten hinter den Brustwehren verstecken sie sich zu Hause hinter ihren Gänsebraten. So hatte es Jesus mit seiner Geburt ganz sicher nicht gemeint. Als großer Verfechter der Nächstenliebe, die ebenfalls nicht nach dem Kalender, sondern das ganze Jahr über ausgeübt werden muss, hätte er sich bestimmt gewünscht, dass die Menschen, wenn sie schon seinen Geburtstag feierten, dies laut, lustig und vor allem alle zusammen taten und nicht jeder mit seiner eigenen Gans.

So dachte ich und kündigte kurzerhand zusammen mit einem Freund eine Lesung und Russendisko am Heiligen Abend in der Berliner Volksbühne an, für Menschen, die weder Familie noch Freunde, vielleicht überhaupt niemanden hatten, mit dem sie Weihnachten verbringen konnten. So schrieben wir es in den Veranstaltungshinweisen, in denen wir Werbung für den Abend machten. Für diese Initiative der Nächstenliebe wurde ich von meiner Frau verflucht. Sie schimpfte, sabotierte die Veranstaltung und meinte, dass ich die eigene Familie gegen wildfremde Menschen eintausche. Außerdem meinte sie, ganz egal wie viel Werbung wir dafür machten, es werde sowieso niemand zu uns in die Volksbühne kommen, weil Weihnachten in Deutschland schon immer ein Zuhause-sitz-Fest gewesen wäre und die Deutschen ihre Gewohnheiten nie freiwillig änderten. Wenn sie einmal etwas beschlossen, zum Beispiel am Heiligen Abend zu Hause zu bleiben, dann blieben sie eben zu Hause, ganz egal was passierte. Selbst wenn ihr Haus in Flammen aufging oder ihnen die Decke auf den Kopf fiel, bewegten sie sich nicht von der Stelle, schon gar nicht gingen sie am Heiligen Abend ins Theater, meinte sie.

Meine Frau mag des Öfteren recht haben, doch diesmal hatte sie sich geirrt. Auch die Deutschen sind inzwischen nicht mehr das, was sie einmal waren – ihre Treue zur Ordnung hat stark nachgelassen. Zu der Veranstaltung in der Volksbühne kamen so viele Leute, dass das Theater aus allen Nähten platzte. Nicht nur einsame Herzen kamen zu uns, manche Besucher brachten ihre ganzen Familien mit. Ich war so berauscht von diesem Erfolg, dass ich mich fühlte, als würde mir jeder Berg bloß bis zum Knie reichen. Warum also nicht doch noch in diesem Jahr den Führerschein machen – zwischen den Feiertagen?

Nach Weihnachten schüttete es noch mehr Schnee auf die Straße, obwohl eigentlich gar nichts mehr hineinpasste. Die meisten Autos sahen aus wie Schneeberge, man konnte sich kaum vorstellen, dass sie Räder hatten. Selbst erfahrene Fahrer trauten sich kaum noch ans Steuer. Ob es vielleicht angebracht war, das Schneechaos für eine problemlose Prüfung zu nutzen? Martin meinte, er könne zwar nicht mit Sicherheit behaupten, dass ich die Prüfung bestehen würde, aber es gäbe Hoffnung. Er hatte sogar einen Termin für mich am 30. 12. gefunden, um 8.00 Uhr früh. Ursprünglich hatte der Termin seiner Schwester gehört, die ebenfalls gerade den Führerschein machte, doch sie wollte diesen Termin plötzlich nicht mehr. Der Bruder meiner Schwiegermutter, der gerade zusammen mit ihr und seiner Frau aus dem Kaukasus zu uns gekommen war, um mit uns die Winterfeste zu feiern, behauptete, einen sicheren Weg zu kennen, die Prüfung zu bestehen. Dafür müsste man bloß einen Tag vor der Prüfung nichts Alkoholisches trinken und drei Mal klar und deutlich das Vaterunser aufsagen.

Ich ließ mir die russische Variante des Vaterunsers von meiner Schwiegermutter aufschreiben und telefonierte mit Freunden, die erst vor Kurzem ihren Führerschein im Schneechaos gemacht hatten. Ist es von Vorteil, bei solchem Wetter die Fahrprüfung zu machen oder nicht, wollte ich von ihnen wissen. Doch je mehr ich herumtelefonierte, desto widersprüchlichere Antworten bekam ich zu hören. Schreckliche Geschichten von hinterhältigen Prüfern, die einen bei jedem Wetter durchfallen lassen, häuften sich jedoch. Mein Freund Florian, der ebenfalls seinen Führerschein im Dezember gemacht hatte, erzählte mir, dass der Prüfer von ihm als Erstes den Schalter für die Kennzeichenlichter wissen wollte. Florian suchte und suchte, war aber bereits in die Falle getappt, es gibt nämlich in keinem Auto Extraschalter für Kennzeichenlichter. Meinem Freund Berndt schlug der Prüfer vor, auf leerer Straße eine Vollbremsung durchzuführen, also den Wagen auf 50 km/h zu beschleunigen und dann volle Pulle auf die Bremse zu treten. Die Vollbremsung gelang meinem Freund zwar, doch bei der Weiterfahrt vergaß er zu blinken, um den anderen nicht sichtbaren Autos seine Fahrbereitschaft zu signalisieren. Sofort war die Prüfung zu Ende. Ein anderer Freund hatte beim rechts Abbiegen die Ampel verpasst, die gleich nach der Kurve hinter einem verschneiten Busch hing und rot leuchtete.

Die Erfahrungsberichte bewiesen: Es gab kein gutes Wetter für eine Prüfung, alles kam immer anders als erwartet. Augen zu und durch, hupen und weiterfahren!, dachte ich und ging zur Prüfung. Es klappte alles glänzend. In der Silvesternacht betrank ich mich aus lauter Begeisterung über die neuen Möglichkeiten und aus Neugier auf mein erstes Autofahrer-Jahr. Zwei Wochen später war meine Frau ebenfalls so weit.

Das neue Jahr begann mit der Suche nach dem richtigen Auto. Die Suche war nicht einfach, denn mein erstes Auto sollte einerseits schick, andererseits nicht zu teuer sein. Daraus wurde schließlich ein Škoda Superb. Es dauerte etwas, bis der Wagen fertig gebaut war, aber dann kam endlich die Einladung vom Autohaus: Ich durfte den Wagen abholen. Die Dame, die mir die Papiere aushändigte, hatte ein Namensschild auf ihrer Bluse: »Frau Liebe«. Ich sah es als gutes Omen.

Ich bin schon immer direkt aus dem Bett als Erstes auf den Balkon gegangen, noch im Halbschlaf quasi, um mich zu orientieren. Einmal in den Himmel blicken und einmal auf die Straße, ob noch alles da war. Bis jetzt ist noch an jedem Morgen alles da gewesen, oben die grauen Wolken, unten nasser Asphalt und dazwischen mein Balkon. Nun war noch ein wichtiger Orientierungspunkt in meinem Leben dazugekommen: mein neues Auto in »Metallic-Cappuccino«.

Wenn der Wagen direkt gegenüber von meinem Balkon stand, hieß es, ich hatte gestern Glück bei der Parkplatzsuche gehabt. Gegenüber von unserem Haus befindet sich ein großes Stadion, und wenn dort abends Handball gespielt wird oder irgendein modischer Radiosender seine Hörer zu einem Konzert eingeladen hat oder, noch schlimmer, die jährliche Meisterschaft der deutschen Marschmusikkapellen ausgetragen wird, können die Einwohner ihre Parkplätze vergessen. Zwar ist unsere Straße wie inzwischen fast alle Straßen in Berlin mit Parkautomaten ausgestattet, was es für Fremde zum teuren Spaß macht, länger unter unseren Fenstern zu stehen. Doch Menschen, die schon für das Konzert oder das Spiel ihrer Lieblingsmannschaft hundert Euro hingeblättert haben, schreckt ein Fünf-Euro-Strafzettel nicht ab. Fast jeden Abend fand dort ein Konzert statt, also kreiste ich manchmal wie ein Verrückter um mein Haus herum, drei, vier, fünf Mal. Als Anwohner hatte ich schlechte Karten, trotz meiner Parkplakette. Was nutzte sie mir, wenn die ganze Straße belegt war? Um nicht im Nachbarbezirk parken zu müssen, haben meine Nachbarn längst den Konzertplan des Stadions ausgedruckt und im Treppenhaus auf dem Anzeigenbrett aufgehängt. Wer vor seiner Haustür parken will, sollte an Konzerttagen früher nach Hause kommen.

Die Berliner sind entspannte Menschen und nicht sonderlich neugierig. Niemand von meinen Nachbarn hat mein neues Auto bemerkt, außer vielleicht die Mexikaner, die bei uns an der Ecke vor einem Monat ihre mexikanische Bar Arriba aufgemacht haben. An dieser Kreuzung blieb ich oft vor der Ampel stehen, in deren Nähe die Besitzer des Ladens bei jedem Wetter draußen saßen und sich langweilten. Der Laden lief überhaupt nicht. Wir grüßten einander wie alte Freunde, schließlich kannte ich sie gut, denn eigentlich waren diese Mexikaner Inder, und als solche kennt sie die ganze Straße. Die Inder hatten schon seit einer Ewigkeit die beiden indischen Restaurants in unserer Straße mit den unspektakulären Namen Goa und Goa II. Als die Apotheke an der Ecke pleiteging, wollten die Inder sofort expandieren und ein drittes Restaurant eröffnen, wahrscheinlich ein Goa III. Doch die Bezirksleitung oder der Hausbesitzer hielt dagegen. Zu viele Inder.

»Wo bleibt die multikulturelle Vielfalt?«, argumentierten sie, »wir bestehen auf der Gleichberechtigung aller Völker!«

»Kein Problem!«, sagten die Inder und machten einen mexikanischen Laden auf, der nun mit demselben unendlichen Speiseangebot zu erschreckend niedrigen Preisen und mexikanisch klingenden Namen versucht, Kundschaft anzulocken. Doch die treue Kundschaft, die unsere Inder gut und gerne besuchte, als sie noch Inder waren, traute den gleichen Indern als Mexikaner nicht mehr über den Weg. So misstrauisch sind die Menschen hier, so tief sind die Vorurteile in unserer Gesellschaft verankert!

Ich war ehrlich gesagt froh, dass ich mir den Spaß des Autofahrens für später aufgespart hatte und nicht wie die meisten mit achtzehn Jahren zur Fahrschule gegangen bin. Wenn man jung ist, fliegt einem das Leben sowieso blitzschnell um die Ohren. Merkt es ein Achtzehnjähriger überhaupt, wenn er nicht mehr zu Fuß geht, sondern am Steuer sitzt? Mit 43 aber bringt einem der Führerschein ein neues Lebensgefühl. In einem Alter, in dem man sowieso anfängt, sich Gedanken über die Vergänglichkeit und die Zerbrechlichkeit des Lebens zu machen, ist der Fahrspaß besonders groß. Jedes Wochenende fuhr ich nun raus aus der Stadt auf die Autobahn – natürlich nicht einfach so, sondern in wichtiger Angelegenheit, beispielsweise um unseren verschneiten Garten zu begutachten und Pläne für den Frühling zu schmieden. Wenn ich also die Stadt hinter mir ließ, in dieser Kapsel des Todes mit 170 PS, und richtig Gas gab, wenn ich im Sonnenuntergang die Lichterkette von unzähligen anderen Kapseln des Todes bis an den Horizont sah, war mir die Vergänglichkeit und die Zerbrechlichkeit meiner Welt besonders deutlich. Eine falsche Bewegung und sie war im Arsch. Deswegen immer schön vorsichtig fahren.

Der Führerschein allein gab einem Fahrer keine Sicherheit auf den Straßen Berlins. Erfahrung war viel wichtiger als ein Stück Papier, und in der Stadt brauchte man Selbstvertrauen. Wenn ich an einer Kreuzung stehen blieb, weil der Motor absoff, hinter mir zwei LKWs nicht aneinander vorbeikamen und direkt vor meiner Kreuzung eine echte Blondine falsch parkte, während links und rechts alles hupte und Grimassen schnitt, half mir der Führerschein wenig, Ruhe zu bewahren. Deswegen versuchte ich schnell, Fahrerfahrung zu sammeln. Ich fuhr meine Frau zum Einkaufen, meine Mutter ins Schwimmbad, meine Tochter zum Ballett, meine

Tante zum Arzt. Das Anstrengendste waren die Park-
häuser. Das Parkhaus bei uns in den *Schönhauser Allee
Arcaden* war eine Falle für Anfänger. Kein Auto passte
von allein in den schmalen Eingang, es musste passend
gemacht werden. Wahrscheinlich würde sich in diesem
Parkhaus ein Smart-Fahrer wie zu Hause fühlen, mit
meinem Superb fühlte ich mich dort allerdings wie ein
Elefant im Porzellanladen. Noch kurviger hätten sie es
aber auch kaum bauen können. Umso größer die Erleichterung, wenn man aus dieser Parkhölle wieder an
die frische Luft kam. Plötzlich schienen mir unsere engen Straßen unerhört breit und leer.

Einmal hatte meine Mutter auf einen falschen Knopf
gedrückt, und sofort fing ihr Beifahrersessel an sich zu
bewegen, um die Stellung des vorigen Passagiers an-
zunehmen. Das war meine kleine Tochter gewesen, sodass meine Mutter nun beinahe gegen das Armaturen-
brett gedrückt wurde. »Tu was!«, bat sie mich, doch ich
wusste auch nicht, wie man dieses elektronische Ses-
selgedächtnis abstellte. In der tausend Seiten dicken
Gebrauchsanweisung war ich erst bis Seite 56 gekommen und konnte gerade einmal die Musikanlage halb-
wegs bedienen. Mama und ich drückten wahllos auf alle
Knöpfe gleichzeitig, und irgendwann gab der Sessel auf.

»Ach, wäre dein Vater noch am Leben, er wäre stolz
auf dich gewesen«, sagte meine Mutter, mir auf die
Füße schauend.

Mein Papa hatte sein Leben lang davon geträumt, Auto zu fahren. Er hatte sich sogar im postsozialistischen Russland den Führerschein gekauft, der aber in Deutschland nicht anerkannt wurde, und in Russland traute sich mein Vater nicht, mit dem gekauften Schein zu fahren, weil die meisten anderen Verkehrsteilnehmer ihre Führerscheine ebenfalls auf dem Schwarzmarkt erworben hatten. Das konnte böse enden. In Deutschland versuchte mein Vater sein Glück in verschiedenen Fahrschulen. Sein letzter Fahrlehrer beschwerte sich sogar schriftlich beim Fahrschuldirektor. »Während der Fahrt betrachtet Herr Kaminer ständig seine Füße, statt auf die Straße zu schauen«, schrieb er. In Wirklichkeit schaute mein Vater natürlich nicht »ständig« aber tatsächlich gelegentlich auf die Pedale, um nicht danebenzutreten. Gemeinsam mit dem Fahrschuldirektor redete der Fahrlehrer meinem Vater schließlich die Führerscheinidee aus.

Ich hatte als Kind die Fahrerei gehasst. Wenn wir zu lange bei Freunden gewesen waren und anschließend ein Taxi nach Hause nehmen mussten, wurde mir im Auto immer schlecht. In der Armee hat man uns Soldaten wie Vieh auf LKWs zum Waschen gefahren. Dreißig Mann auf einer vier Meter großen Ladefläche, das war keine nette Reise. Wer hätte gedacht, dass mir als Erwachsenem die Fahrerei so viel Spaß machen würde? In einem guten großen Wagen mit 6-Gang-Schaltung. Eigentlich wollte ich mir zuerst ein Auto mit Automatik kaufen, dazu mit Allradantrieb. Beim Superb geht das aber nicht zusammen, entweder oder. Also habe ich mich für Allradantrieb und Gangschaltung entschieden und versuchte, es nicht zu bereuen. »Ich möchte doch selbst meinen Wagen fahren! Wir müssen eigene Entscheidungen treffen können, es darf nicht alles Robotern überlassen werden! Ein Mann muss selbst walten und vor allem schalten können. Automatik ist etwas für Hausfrauen und Kleinkinder«, so redete ich mir ein, wenn ich im Berliner Stauverkehr alle zwei Sekunden die Gangschaltung betätigte.

Kaum einen Monat gefahren, hatte ich schon den ersten Kratzer an der Tür. Meine Tante hatte mich nachts angerufen und mich mit der seltsamen Frage geweckt, ob ich wisse, wo sie gerade sei. Diese Frage gefiel mir überhaupt nicht, und ich fuhr stracks zu ihr nach Kreuzberg. Sie machte einen verwirrten Eindruck, wusste nicht, dass sie in ihrer eigenen Wohnung war, und fragte mich ständig, wie ich denn erfahren hätte, dass mit ihr etwas nicht in Ordnung sei. Außerdem hatte sie ein Kribbeln im linken Arm. Ich tippte auf einen Schlaganfall und fuhr sie ins Krankenhaus. In der Notaufnahme stellte sich zum Glück heraus, dass die Tante keinen Schlaganfall hatte, sondern nur eine TGA, eine transiente globale Amnesie. Dabei nimmt sich das Kurzzeitgedächtnis eine Rauchpause, die bis zu acht Stunden dauern kann.

»Eine Krankheit, die Patienten wie Ärzte gleichermaßen verblüfft«, wie mir der junge Arzt in der Notaufnahme erklärte.

Ich war ebenfalls von diesem nächtlichen Abenteuer verblüfft. Deswegen hatte ich etwas unglücklich auf dem Hof des Krankenhauses geparkt.

»Sie dürfen hier nicht stehen, das ist die Einfahrt für die Notaufnahme!«, schrie mich der Pförtner an, deutlich überaufgeregt.

Der Hof war voll mit Rettungswagen, es war dunkel und nass, es regnete heftig. Ich musste rückwärts durch das Tor, während von draußen jemand hereinfahren wollte. In der Hektik blieb ich im Tor stecken und schätzte mit meinem dicken Wagen die Kurve nicht richtig ein. Daher der Kratzer an der rechten Tür. Er war bestimmt nicht der letzte, dafür aber, Gott sei Dank, waren alle gesund und die Tante wieder guter Dinge.

Ich habe zwanzig Jahre in dieser Stadt gelebt, ohne mich in ihr richtig auszukennen, erst als Autofahrer habe ich Berlin kennengelernt. Die Stadt ist viel kleiner, als sie auf der Karte aussieht. Alles ist um die Ecke, man kann die ganze Stadt in einer halben Stunde durchqueren, besonders wenn man nachts fährt. Etliche Straßen, die meiner Vorstellung nach weit auseinanderlagen, sind in Wirklichkeit in drei Minuten zu erreichen, es sei denn, man bleibt im Stau stecken. Hoffentlich löst sich meine Mutter im Schwimmbad nicht auf, sie wird wohl etwas länger auf mich warten müssen. Dadurch, dass Berlin zu einer Touristenmetropole geworden ist, kommt es häufiger als früher zu Staus. Viele Gäste, die die deutsche Hauptstadt mit dem Auto besuchen, kommen vermutlich aus Gegenden, in denen es keine Ampeln gibt. Wenn sie jetzt in Berlin eine Ampel sehen, bleiben sie sofort davor stehen und begaffen sie ausdauernd, selbst wenn die Ampel längst grün ist. Außerdem blinken sie gern links oder rechts, ohne dann auch in diese Richtung zu lenken, sie gebrauchen ihre Blinkanlage eher zu Illuminationszwecken. Die meiste Zeit im Winter ist es dunkel, man fährt auch tagsüber mit Licht, entweder es hagelt, regnet oder schneit. Dabei habe ich in meinem Superb ein besonders großes Schiebedach und kann mir ausmalen, wie es im Sommer sein wird, auf trockener Straße in der Sonne Brandenburgs zu unserem Garten Eden zu fahren.

Von allen autofeindlichen Straßen ist meine am autofeindlichsten. An einem Ende ist sie wegen Bauarbeiten, die seit dem vorigen Jahrhundert andauern, eine Einbahnstraße. Am anderen Ende hat sie einen Tunnel, dazwischen liegen vier Kreuzungen, die alle unterschiedlich geregelt sind. Es gibt drei Fußgängerüberwege, eine Schule, zwei Kindergärten, das bereits erwähnte Stadion, und immer bleiben zwei bis drei LKWs gleichzeitig auf beiden Seiten der Straße zum Aus- oder Einladen stehen. Wer hier schnell durchkommt, dem kann keine Route der Welt Angst machen. Abends zu Hause angekommen, fühlte ich mich anfangs wie ein Taxidriver. Den ganzen Tag war ich damit beschäftigt gewesen, Fahrerfahrungen zu sammeln. Und wenn die Familie nicht zu Hause essen wollte, meinte ich:

»Das passt gut, ich kann euch ins Restaurant fahren!«

»Nein, nein, wenn du fährst, kannst du keinen Wein trinken, und dann hast du den ganzen Abend schlechte Laune«, meinte meine Frau. »Wir nehmen lieber ein Taxi und trinken schön.«

Ich gab immer nach, denn Wein trinken ist natürlich auch eine gute Sache. Obwohl: Inzwischen weiß ich überhaupt nicht, was mir mehr Spaß macht, die Fahrerei oder die Sauferei. Beides gleichzeitig geht leider nicht.

Die ersten Monate konnte ich kaum einschlafen. Sobald ich die Augen schloss, sah ich Scheibenwischer hin- und herwedeln, Häuser zogen am Straßenrand an mir vorbei, Ampeln wechselten die Farbe, die Wagen vor mir blinkten im Regen. Draußen wartete unser Eden auf uns, und das Tor zum Garten stand offen.

Kein perfekter Ort

Aus Spaß suchte ich auf der Karte des Bundeslandes Brandenburg unser Dorf. Ich habe keinen Ort namens Glücklitz gefunden. Anstelle des Dorfes befand sich auf der Karte ein kleines grünes Dreieck umringt von einem hellblauen Pfad. Auch das kluge Navigationsgerät in meinem Škoda wollte die Adresse »Am Glücklitzer See 2« nicht wahrhaben. Sie existiere nicht, schrieb mir der Navigator und bot als Ausgleich ein Glücklischhagen in Schwaben an. Mein Ort schien nicht von dieser Welt zu sein.

Ich hatte so etwas schon früher vermutet, als wir feststellen mussten, dass es keine Geschäfte und keine Reiseverbindungen zwischen Glücklitz und der Außenwelt gab. Doch wenn ich durch den Ort spazieren gehe, sehe ich nichts Irreales oder Mystisches, man trifft auf keine Gespenster, und es spukt nirgends. Gut, viele Häuser sind heruntergekommen, manche wurden offensichtlich schon vor Jahrzehnten von ihren Bewohnern verlassen, sie sind aber noch immer von innen versperrt. Aus manchem verlassenen Haus mit eingefallenem Dach kommt abends Rauch, vom Turm der geschlossenen Kirche läuten Glocken, die es dort gar nicht gibt, und manchmal hören wir einen traurigen Gesang aus dem Haus der freiwilligen Feuerwehr neben dem Friedhof. Am nächsten Tag ist die Erde auf einer alten Grabstätte fast immer frisch durchwühlt, und das ganze Dorf wirkt wie ausgestorben.

Dafür ist man hier vor überflüssigen Gesprächen mit Unbekannten geschützt, und man kann sich nicht verirren oder verlaufen. Die Straßen in Glücklitz sind nicht wie in Großstädten nach längst verstorbenen Helden vergangener Zeiten benannt, deren Taten in Vergessenheit geraten sind, nicht nach den Schlachten, von denen keiner mehr weiß, wer sie eigentlich gewonnen hat. Nein, die Straßennamen in Glücklitz sprechen eine klare Sprache und haben einen konkreten Ortsbezug. Die Straße mit dem Friedhof heißt »Am Friedhof«, die freiwillige Feuerwehr hat sich ebenfalls selbst auf dem Straßenschild stehen, die Kirche befindet sich logischerweise an der Kirchstraße. Außerdem verfügt das Dorf über zwei ausgeschilderte Sackgassen »Zum See« und »Zum Wald«. Die Verstorbenen tragen, wie man ihren Grabsteinen entnehmen kann, oft die gleichen Nachnamen und waren möglicherweise verwandt, als sie noch lebten. Die Männer heißen hier bevorzugt Hartmut,

Helmut oder Rudolf und hatten alle ein ziemlich langes Leben, wenn sie nicht gleich 1939 umgekommen sind.

Auf dem Gebäude der freiwilligen Feuerwehr steht in großen Buchstaben schwarz auf grau: »Einer für alle, alle für einen«, darunter hängt ein Emblem, auf dem ein Ritter im mittelalterlichen Kostüm versucht, mit einer Gießkanne eine brennende Kirche zu löschen, während ein Adler um ihn herumfliegt. »Seit 1919 im Einsatz«, steht dem Ritter zwischen die Beine geschrieben.

Die Kirche auf der Kirchstraße ist klein, unauffällig und immer geschlossen. Sie kann mit den anspruchsvollen schicken Giganten großstädtischen Kirchenbaus nicht konkurrieren. Seit meiner Kindheit habe ich Kirchen als eine Art Mausefalle für Gott empfunden. Nicht umsonst haben die Menschen sich überall auf der Welt beim Bau ihrer Gotteshäuser besonders viel Mühe gegeben. Um Gott anzulocken, überzogen die russischen Orthodoxen ihre Kirchenkuppeln mit Gold. Die Logik hinter dieser naiven Geste ist gut nachvollziehbar. Sie selbst liebten Gold und wussten, dass Gott sie nach seinem Ebenbild erschaffen hat. Demnach musste Gott Gold ebenfalls lieben. Sie hätten die Kirchen auch mit Speck bearbeitet, wären sie sicher gewesen, dass Gott Speck mochte.

Katholiken versuchen dagegen, Gott mit großer Kunst, mit tollen Bildern anzulocken, Protestanten wiederum setzen auf Freiraum, in ihren Kirchen fühlt Gott sich nicht eingeengt. Aber davon träumen sie alle, dass er irgendwann einmal kommt, von Gold oder Speck angelockt und, zack, schnappt die Falle zu. Dann können sie Gott ganz für sich allein haben und ihn für ihre eigenen Zwecke instrumentalisieren. Doch Gott ist nicht dumm, er wählt die Freiheit und bleibt den Kirchen fern.

Die Kirche am Glücklitzer See hat nicht einmal den Anspruch, Gott einfangen zu wollen. Sie ist auch nicht an Gläubigen interessiert, deswegen ist sie immer zu. Sie ist für fünf Gemeinden zuständig, und auf dem Anzeigenbrett neben dem Eingang hängen die aktuellen christlichen Termine aus der Region: wer getraut oder getauft wird, wann und wo. Neben dem Anzeigenbrett, direkt an der Kirchenwand, steht eine altmodische Telefonzelle mit kaputter Wählscheibe. Sie wirkt in der milden Landschaft des Ortes etwas deplatziert. Wozu braucht man hier eine Telefonzelle? Dazu noch direkt an die Kirche gelehnt. Vielleicht ermöglicht die Zelle einen direkten Kontakt zum Himmel? Die Wege Gottes sind unergründlich. Für alle Fälle nehme ich jedes Mal, wenn ich an der Kirche vorbeigehe, den Hörer ab und bleibe eine Weile stehen. Man hört gar nichts. Keinen Piepton, keine Warteschleifenmusik, nur das tiefe Rauschen des Weltalls im Hintergrund.

In Glücklitz hört man am Abend nicht einmal das Summen der Fernsehgeräte durch die beleuchteten

Fenster. Solch leise Häuser wie hier habe ich noch nirgends erlebt. In unserem alten Haus in Moskau wurde es gegen Abend immer sehr laut. Auf allen Etagen wurde geschossen, geschrien, gesungen und gestritten. Die Wände im Treppenhaus waren dünn, an den Fenstern hingen zwar dicke Gardinen, doch anhand der Geräusche, die aus jeder Wohnung sickerten, konnte man sich leicht vorstellen, was die Bürger gerade trieben. Entweder schauten sie sich im Fernsehen Kriegsfilme an oder sie liebten sich laut, erzogen ihre Kinder oder feierten im Familienkreis. In Berlin haben wir ein vergleichsweise leises Haus, mit Glücklitz nicht zu vergleichen, aber immerhin. Zwar quengeln kleine Kinder am frühen Morgen, wenn sie nicht in den Kindergarten gehen wollen, und es scheppert, wenn die Müllabfuhr die Container durch den Hinterhof rollt, doch abends in der Dunkelheit versinkt unser Berliner Haus in vornehme Stille. Man sieht nur die Monitore der Nachbarn hinter den gardinenlosen Fenstern leuchten.

An meinem planmäßigen Geburtstagstag flüchtete ich aus der Stadt in den Garten. Ab einem bestimmten Alter machen einen die Geburtstage nicht mehr froh. Mich versetzen sie inzwischen in eine nachdenkliche Stimmung, und jedes Jahr staune ich über die ständige Beschleunigung der Zeit. Früher, in der Kindheit, glich jeder Tag einer Ewigkeit, heute fliegen einem die Tage um die Ohren wie Pistolenkugeln. In unserem Garten gratulierte mir zum Glück keiner. Bunte Schmetterlinge jagten hintereinander her, und riesige rot-gold-schwarze Käfer durchbohrten mit tiefem Summen die Luft und knallten gelegentlich mit lautem *Bums* gegen die Bäume.

Die sogenannten Brandenburger Doofkäfer, auch Torpedokäfer genannt, sind wahrscheinlich an jenem Tag entstanden, als die Natur besonders gute Laune hatte und zum Scherzen aufgelegt war. Grundsätzlich ist der Natur anzumerken, dass bei der Entstehung der Welt der Spaßfaktor eine entscheidende Rolle spielte. Die Natur hat sich nicht all die Mühe gemacht, um am Ende etwas Ödes oder Langweiliges zu schaffen, ihr ging es vor allem um Action, Spannung, Humor. Alles Langweilige kam aus menschlicher Produktion später dazu. Deswegen können Menschen, die immer auf Nutzen, Leistung und Qualität ausgerichtet sind, so etwas Unsinniges wie Doofkäfer nicht leiden. Ich mochte sie dagegen schon, bloß der Geburtstag verdarb mir die Laune. Statt das sommerliche Spiel der Doofkäfer zu beobachten, ging ich auf den Glücklitzer Friedhof.

Die Hitze hatte nachgelassen, und sofort erschienen irgendwelche Hinterbliebenen mit Blumen und Schaufeln. Der Friedhof in Glücklitz ist der einzige Ort, an dem man verlässlich auf lebende Menschen stoßen kann. Während die Kirche immer geschlossen ist und die freiwillige Feuerwehr nur selten – zu den großen

Feiertagen – ihre Tore öffnet, steht der Friedhof jedem Besucher zu jeder Zeit offen, und fast immer kümmert sich dort jemand um irgendjemanden. Die Menschen in Glücklitz sind mit ihren Toten viel solidarischer als mit den Lebenden und kümmern sich gern um die dahingegangene Verwandtschaft, obwohl oder vielleicht gerade weil hier deutlich mehr Grabsteine als Haustüren vorhanden sind.

Ich ging die einzige Allee entlang, las die Namen der Verstorbenen auf den Grabsteinen, ihre Geburts- und Todesdaten und stellte fest, dass die Lebensläufe in Glücklitz in einem unnatürlichen, der Natur widersprechenden Kreislauf gefangen sind. Während die Flora und Fauna unseres Planeten normalerweise im Herbst verwelkt oder entschläft, um im Frühling mit neuer Kraft zum Leben zu erwachen, starben die alten Glücklitzer hauptsächlich im Frühling, und die neuen kamen im Herbst auf die Welt. Die Ursache dieses Phänomens schien mir nach einiger Überlegung klar. Natürlich, dachte ich, im Winter haben sie in ihren Gärten nichts zu tun. Um sich die Langeweile an den langen Abenden zu vertreiben, machen sie ihren Frauen Kaffee und haben Sex, woraufhin im Herbst die Kinder zur Welt kommen. Im Frühling sind sie vom vielen Sex müde und erschöpft und so leichter für Krankheiten aller Art empfänglich. Es wäre allerdings einfacher und solidarischer, wenn die Menschen wie der übrige Teil der Na-

43

tur ihr Kommen und Gehen den Jahreszeiten folgend regeln würden.

Aber Menschen sind eben keine Doofkäfer. Es ist uns nicht gegeben, den Zeitpunkt des eigenen Todes und der eigenen Geburt zu bestimmen. Dazwischen tun wir gern so, als könnten wir die Zeit lenken und biegen, uns exakt um 19.00 Uhr zum Essen verabreden, den Urlaub langfristig buchen und die Uhren auf Sommer- oder Winterzeit umstellen. Aber Geburt und Tod entgehen völlig unserer Kontrolle. Um mit dieser Willkürlichkeit des Daseins klarzukommen, haben die Menschen Verdrängungsmechanismen entwickelt, die es ihnen erlauben auszublenden, dass sie nicht wissen, was kommt. Bei der Geburt hat man sowieso keine Vorstellung davon, wo, in welchem Land, in welcher Familie und in welchem Zeitalter man auf die Welt kommt. Es vergehen Jahre, bis man merkt, dass dieses ständige Oktoberfest unter dem Fenster eigentlich nicht sein muss. Das ist aber deine Heimat, Söhnchen, wird man aufgeklärt, Oktoberfest ist das Größte, man hat es zu ehren und zu lieben und Punkt. Sollte man an seiner Geburt doch verzweifeln, ist es in der Regel schon zu spät, etwas daran zu ändern.

Der Tod aber ist noch hinterhältiger als die Geburt. Unser Nachbar in Moskau, ein Oberst im Ruhestand, der die Abteilung für technische Sicherheit im Kurtschatow-Institut für Atomforschung leitete, war sehr aufgebracht, als die Ärzte ihm ein Krebsleiden attestierten. Er wolle doch wie ein Mann sterben, wie ein richtiger Offizier, und nicht wie der krebskranke Chef der Abteilung für technische Sicherheit eines wissenschaftlichen Institutes, meinte er. Am liebsten würde er wie sein Vater auf dem Schlachtfeld sein Leben lassen, beschwerte er sich bei meinem Vater in unserer Küche. Der Vater des Obersts, ein General, war in den ersten Tagen des Großen Vaterländischen Krieges 1941 bei der Verteidigung der Grenzen der Sowjetunion gefallen. Der Wunsch des Obersts im Ruhestand, wie sein Vater zu sterben, schien lächerlich. Der Krieg war seit einer Ewigkeit vorbei, die Schlachtfelder von damals längst von Unkraut überwachsen, das Land, dessen Grenzen der General damals mit seinem Blut verteidigt hatte, inzwischen aufgelöst.

Das hat mein Vater dem Oberst nicht gesagt, nur zugewinkt. Das Krebsleiden des Nachbarn war bereits im fortgeschrittenen Stadium, die Ärzte gaben ihm nur noch neunzig Tage. Aber Ärzte sind keine Propheten, sie irren sich oft, behauptete mein Vater und behielt recht. Der Oberst starb zehn Tage nach diesem Gespräch an einem Herzinfarkt, in seinem Büro, auf seiner Sekretärin Olga Nikolaewna liegend. Die Ärzte hatten ihm also zweieinhalb Monate zu viel versprochen. Mein Vater schüttelte nur den Kopf und sagte, auf die Medizin wär noch nie Verlass gewesen.

Ein heldenhafter Tod, sagten alle im Institut für Atomforschung. Er habe wie ein richtiger Offizier gelebt und sei wie ein richtiger Offizier gestorben. Ein besseres Ende könne sich keiner wünschen: in Kriegszeiten auf dem Schlachtfeld, in Friedenszeiten auf einer Dame. Ein Held, ein Held, ein echter Mann, flüsterten alle im Institut.

Ich hielt die Sekretärin Olga Nikolaewna viel eher für eine richtige Heldin. Ich kannte sie nur vom Sehen, ihr Sohn ging in meiner Schule in die Parallelklasse. Olga Nikolaewna war ein leiser, unauffälliger Mensch, bescheiden gekleidet, alleinerziehend. Die Vorstellung, dass diese zierliche Frau auf dem massiven Holztisch unter dem 150 Kilo schweren, toten Chef der Abteilung technische Sicherheit lag, wer weiß wie lange, diese Vorstellung ging mir nicht aus dem Kopf. Olga Nikolaewna nahm das Geschehene zumindest äußerlich ziemlich gelassen, stand während des Begräbnisses neben der Witwe und wirkte etwas abwesend. Die Witwe bestellte später einen schicken großen Grabstein mit eingemauertem Foto des Obersts in Paradeuniform samt Orden und Auszeichnungen, von denen nur der Verstorbene selbst wusste, wofür er sie eigentlich bekommen hatte. Über seinem Foto stand etwas vage formuliert: »1937 geboren. 1996 gegangen. Mit Liebe, Deine Familie, Freunde, Angestellten«, obwohl ich eine klarere Formulierung besser gefunden hätte, zum Beispiel: »1937 geboren. 1996 während der Liebe von Deiner Familie gegangen« oder so etwas Ähnliches.

Russen mögen ausschweifende Texte auf den Grabsteinen. Deutsche dagegen sind auf ihren Steinen sehr wortkarg. Die Inschriften sehen oft aus wie eine Rechnung: brutto minus Reisekosten gleich netto plus Mehrwertsteuer – alles sehr knapp formuliert. Die Kroaten wiederum mögen Grabsteine generell nicht. Auf der kroatischen Insel, wo wir jeden Sommer Urlaub machen, gibt es nicht einmal einen Friedhof. Die Insulaner haben mehr Bezug zum Meer als zu ihrer steinigen Wüste. Sie wollen alle als Asche auf dem Meer verstreut werden, vorausgesetzt, sie sterben auf natürliche Weise. Das Verwehen der Asche ist eine pathetische Angelegenheit. Ein Trauerschiff wird gemietet, die Verwandtschaft darauf geladen, dazu eine Blaskapelle. Oft muss die Asche monatelang warten, bis sie verstreut wird. Mal ist das gewünschte Schiff besetzt, mal kann die Verwandtschaft nicht, mal sind die Musiker anderweitig beschäftigt, mal kommt Bura, der Nordwind, und sprüht einem die Wellen ins Gesicht. Früher oder später werden aber hier alle zu Asche und auf dem Meer verstreut. Unser Freund Ferdinand erzählte, er habe inzwischen mehr Freunde im Meer als auf festem Boden. Wenn er schwimmen geht, grüßt er nach allen Seiten »hallo, hallo«. Und in jedem Fisch sieht er einen alten Freund.

Der Himmel über Glücklitz

Die Welt ist groß und bleibt weitgehend von der heran-
gewachsenen Generation unerforscht. Überall versteckt
sie ihre Geheimnisse vor gierigen und dummen Menschen. Sie wartet, bis die richtigen kommen, um ihnen
ihre Wunder zu offenbaren. Warte kurz ab, Welt, sie
kommen!

Sie wären eigentlich schon längst gekommen, hätten
ihre Eltern sich nicht quergestellt. In der zehnten Klasse
durfte meine Tochter, rein theoretisch, ein Auslandssemester machen, bei Bedarf sogar ein Auslandsjahr beantragen. Von der Schulleitung wurden vier Länder zur
Auswahl vorgeschlagen, Costa Rica, Kolumbien, Frankreich und England. Einige Schüler, die bereits dort ihr
Auslandssemester absolviert hatten, sollten im Rahmen
einer öffentlichen Präsentation über ihre Erfahrungen
berichten. Meine Tochter tendierte nach Kolumbien,
obwohl Costa Rica auch verheißungsvoll klang. Nicole
konnte sich sogar vorstellen, ein halbes Semester in Ko-

lumbien und ein weiteres halbes Jahr in Costa Rica zu verbringen. Ihre Mutter meinte jedoch unmissverständlich, ihre Tochter werde bis zum Erreichen der Volljährigkeit allein nirgendwohin fahren, außer mit uns in den Garten nach Glücklitz im Land Brandenburg. Später als erwachsener Mensch könne sie unseretwegen auf Weltreise gehen, Ozeane überqueren und zum Mond fliegen, doch solange wir die Verantwortung für sie trügen, werde es kein Kolumbien geben.

Nicole ging trotzdem zu der Präsentation, um wenigstens den Auslandserfahrungen anderer zu lauschen. Doch der Welt gelang es an diesem Tag nicht, sich anständig zu präsentieren. Kolumbien war krank geworden und kam nicht, Frankreich hatte sich um zwei Stunden verspätet, und von Costa Rica berichtete ein dünner Junge mit dicker Brille, was für unglaubliche gelbe Würmer dort nach einem längeren Regenfall aus der Erde kämen. Der Junge war ein richtiger Wurmfanatiker, er hatte mehrere Exemplare mitgebracht und berichtete sehr leidenschaftlich mehr über sein Hobby als über das Land und die Menschen dort. Aus seiner Erzählung konnte man schließen, dass in Costa Rica hauptsächlich Würmer lebten und Menschen nur ab und zu vorbeischauten, um diese zu bewundern.

Das Mädchen, das für England zuständig war, gab zu, nie in England gewesen zu sein. Sie war stattdessen ein halbes Jahr im südlichen Teil der USA gewesen. Aus

Mangel an Schülern mit Englanderfahrung wurde ihr von der Schulleitung aufgetragen, über England zu referieren. Schön, sagte sie, stellen Sie sich London vor, eine richtige Weltstadt. Ihr Amerika dagegen sei ein Provinznest gewesen. Sie verkauften dort keine Zigaretten und keinen Alkohol, nicht nur nicht an die Jugendlichen, sondern auch nicht an Erwachsene. Man konnte dort alt werden, ohne einmal einen Schnaps zu kippen oder einen Joint zu rauchen, schimpfte sie.

Ihre Gastfamilie bestand aus ziemlich geizigen Menschen: Sie zählten die Toastscheiben zum Frühstück und erlaubten ihr jeden Morgen nur ein Glas Kaffee, und selbst diesen mit der doppelten Menge Wasser verdünnt. Amerikaner hätten flächendeckend eine Gesundheitsmacke, zählten die Kalorien, schrieben alles auf, was sie gegessen hätten, und lebten jetzt schon doppelt so lange wie normal. Durch diese Verlängerung des Lebensalters zögen sich auch alle Lebensphasen in die Länge, berichtete das Mädchen. Sie blieben sehr lange Kinder, kämen mit dreißig erst in die Pubertät, gingen bis fünfzig oder sechzig studieren und mit siebzig überlegten sie sich vielleicht, eine Familie zu gründen. Sie hätte sich die ganze Zeit dort wie in einem Senioren-Kindergarten gefühlt. Aber London wäre bestimmt eine Reise wert gewesen, sie wäre gern dorthin gefahren, meinte die Schülerin selbstbewusst. Nicht dass Nicole nach dieser Weltpräsentation enttäuscht gewesen oder von ihren Plänen zur Welteroberung abgerückt wäre, aber sie drängelte nicht mehr mit Kolumbien und fuhr sogar am Wochenende mit uns nach Glücklitz, um den Garten zu kontrollieren.

Ein Tag in Glücklitz macht aus jedem Welteroberer einen anderen Menschen. Zuerst tauen die Sinnesorgane auf. Die Augen, das Gehör, die Nase. In der Stadt werden die Menschen schnell taub und kurzsichtig. Egal, wohin sie schauen, sie sehen nur Wände, Mauern und Bildschirme. Selten schauen sie in den Himmel, der meistens mit Dächern und Baukränen halb bedeckt ist. In Glücklitz dagegen fängt man an, die Weite zu sehen. Die Großstadtbetäubung lässt nach, die Geräusche, die die Menschen und ihre Autos produzieren, hallen noch eine Weile im Kopf nach, deswegen hört man die ersten Stunden nichts. Aber dann stellt man plötzlich fest, wie laut eine Mücke oder eine Hummel summen können. Man hört das Rauschen der Blätter und die Schreie der Vögel. Man hört, wie mein Nachbar Herr Köpke sich mit seinem Hund unterhält. Man hört sogar, wie die Fische im Glücklitzer See miteinander planschen.

Sicher ist Glücklitz mit Kolumbien nicht zu vergleichen, schon gar nicht mit England oder Frankreich. Es gibt so gut wie keine Sehenswürdigkeiten hier, keine Attraktionen, keine öffentlichen Plätze, außer einem für die freiwillige Feuerwehr. Die Einheimischen, die in den Glücklitzer Landschaften spazieren gehen, bleiben in der Regel vor nichtssagenden Objekten stehen – vor einem Baum, einem großen Stein oder einer kaputten Bank, die sie lange anstarren können. Wir haben über dieses Phänomen bereits öfter nachgedacht und sind zu dem Schluss gekommen, dass die Bewohner in diesen Objekten eine Art Spiegel sehen. Sie suchen darin sich selbst, ihre Kindheit und Jugend. In dem Stein, dem Baum und der freiwilligen Feuerwehr erblicken sie ihre Vergangenheit, vergewissern sich ihrer Gegenwart und sichern ihre Zukunft. Sie wissen noch genau, wie sie als Kinder hinter dem Stein Verstecken spielten, sie konnten sich damals wahrscheinlich zu dritt hinter den Stein ducken. Er hat sich seitdem kaum verändert, nur etwas kleiner ist er geworden. Die Blätter des Baumes rauschen bei Wind genau wie früher, und sogar das Haus der freiwilligen Feuerwehr, 1919 erbaut, mit dem obligatorischen Riesenaschenbecher vor dem Eingang und der grauen Fassade, sieht noch genauso aus wie früher, obwohl es 1975 vollständig abgebrannt ist und später originalgetreu wiederaufgebaut wurde. Tagein, tagaus kommen sie zum Stein, zum Baum, zur freiwilligen Feuerwehr, um festzustellen, dass noch alles beim Alten ist. Sie wissen vielleicht gar nicht, dass es noch andere, spannendere Orte gibt, die zu besuchen ebenfalls Spaß machen könnte. Zum Beispiel London oder Paris, ganz zu schweigen von Kolumbien, dem einzigen Land der Welt, in dem es verboten ist, mit Helm Motorrad zu fahren. Oder das Traumland Costa Rica mit seinen unglaublich fetten gelben Würmern.

Obwohl, Hand aufs Herz, was Würmer, Libellen, Mücken und überhaupt groß gewachsene Insekten betrifft, kann Costa Rica Glücklitz nicht das Wasser reichen. Niemals. Eine wissenschaftliche Erklärung dafür, warum bloß fünfzig Kilometer von Berlin entfernt das Ungeziefer an Körperbau und Aggressivität so zunimmt, dass einem selbst der einfachste Schmetterling wie eine ferngesteuerte Drohne der Luftwaffe vorkommt, habe ich nicht. Fakt ist aber, dass die Insekten in Brandenburg viel mehr Platz als die in der Stadt beanspruchen. Mehrmals ist es mir schon passiert, dass ich nicht die Kraft hatte, einen Regenwurm, den ich dringend zum Angeln gebraucht hätte, aus der Erde zu ziehen, so groß und kräftig war er.

Die Mücken Brandenburgs kreisen nicht um ihre eventuellen Opfer, wie es die intelligenten Stadtmücken tun, sie gehen gleich zur Sache und stürzen sich mit ausgefahrenem Saugrüssel direkt auf sie. Ich vermute sogar, dass sie mit geschlossenen Augen fliegen. Weil es so wenig warmes Blut hier gibt, sind Glücklitzer Mücken Fatalisten geworden. Leben und Sterben ist für sie reine Glückssache. Sie machen die Augen zu und fliegen los, ihrem Schicksal entgegen. Treffen sie auf einen Baum, haben sie Pech gehabt. Treffen sie auf mich, können sie sich satt saugen und mit neuer Kraft dem bitteren Schicksal trotzen. Sie brauchen breite Flügel und Ausdauer, weil hier nicht viele Menschen leben, aber auch nicht wirklich viele Bäume auf den Glücklitzer Grundstücken stehen.

Auf der Wiese vor unserem Haus zum Beispiel wuchs überhaupt kein einziger Baum. Das sollte sich mit unserem Einzug ändern. Gleich im ersten Frühling fingen wir an, auf unserem neuen Grundstück spontan zu vegetieren – jeder in seine Richtung. Das heißt jedes Familienmitglied wählte sich Pflanzen oder Bäume nach eigenem Belieben aus, ohne sich nach irgendwelchen Gartenordnungsvorschriften zu richten. Meine Frau legte an allen Seiten und Ecken des Grundstücks Blumenbeete an mit Narzissen, Rosen, Krokussen und einer aus dem Kaukasus eingewanderten, dunkelroten, hierzulande noch nicht verbreiteten Pflanze namens Sorjka, zu Deutsch »Morgendämmerung«. Selbst das furchtlose, brandenburgische Ungeziefer, hellbraune Hummeln und schwarze Käfer mit roten Pünktchen, schreckte zunächst davor zurück und machte um diese Morgendämmerung einen großen Bogen.

Meine Tochter legte eine Tulpenplantage an, mein Sohn dagegen entdeckte vor Kurzem eine bewunderungswürdige Pflanze: den Meerrettich. Er leuchtete geradezu vor Begeisterung und Respekt. Aus der ganzen Vielfalt der Natur, den unzähligen Blumen und Pflanzen, Farben, Formen und Düften, hielt Sebastian den Meerrettich für die absolute Krönung der floralen Schöpfung. Dagegen ist schwer zu argumentieren, das weiß jeder, der Meerrettich schon mal gesehen hat. Die Pflanze sieht gut aus, hat genau die richtige Größe, riecht gut, schmeckt gut und ist in jedem Klima zu Hause. Vielleicht bestand der ursprüngliche Plan Gottes bei der Erschaffung der Erde bloß darin, eine Lebensgrundlage für Meerrettich zu schaffen. Sebastian legte jedenfalls ganz im Sinne dieses Planes eine Meerrettichplantage an.

Meine Mutter wollte auch unbedingt etwas pflanzen, am besten einen Baum, damit wir uns, wenn sie nicht mehr bei uns war, im Schatten dieses Baumes an sie erinnern konnten. Welchen Baum genau sie einpflanzen wollte, wusste sie nicht. Meine Mutter, ein Großstadtkind, kannte sich mit Bäumen nicht so genau aus. Am liebsten wünschte sie sich und uns einen, der schon beim Einpflanzen so groß wäre, dass wir gleich mit dem Erinnern anfangen könnten, am besten mit ihr zusammen unter dem Baum des Erinnerns sitzend. Im Obi-Gartenmarkt waren die höchsten Bäume Schneekirschen, die maximal eineinhalb Meter hoch waren. Ein solcher Baum würde einen lächerlichen Erinnerungsschatten werfen. In einem Spezialgeschäft bestellten wir für Mama eine Pinie, die sie höchstpersönlich in Empfang nahm. Dann bestimmte sie den Platz, wo sie eingepflanzt werden sollte.

Ich hatte in der Zwischenzeit im Gartenbedarfsmarkt sieben weitere Bäume gekauft, um nicht mit leeren Händen nach Hause zu kommen: zwei Kirschen, zwei Kriechweiden, zwei Rhododendronbüsche und eine Schmucktanne *Araucaria araucana* für den Fall, dass wir einmal Weihnachten und Silvester draußen im Freien verbringen wollen. Als großer Pflanzenfreund beobachte ich aufmerksam den deutschen Pflanzenmarkt, immer bereit, mich für neue Pflanzenarten zu begeistern. Zuletzt beeindruckte mich der Aronstab, nicht zuletzt seines Namens wegen. Vielleicht gab es diese Pflanze auch schon früher, aber plötzlich kam sie bei uns Pflanzenfreunden in Mode. Sie war hübsch und versprach mit ihrem biblischen Hintergrund ein sicheres Erblühen in meinem Garten. Aus dem Alten Testament wusste ich, Gott hatte ausgerechnet den Aronstab, als einzigen von vielen Stäben, blühen lassen, um Moses und seinem Bruder Aaron ihre Auserwähltheit und Autorität in der Sippe zu bestätigen. Diesen Stab wollte ich haben und kaufte in meiner Begeisterung etwas zu viele, nämlich zwölf Aronstäbe, in der Hoffnung, dass sie, wenn nicht gleich Mandelblüten, wie es die Bibel versprach, dann zumindest ein paar junge Blätter austreiben würden.

Beim Blumen-Vietnamesen habe ich Rabatt, weil sein Sohn der beste Freund meines Sohnes ist. Daher ließ er mich auch besonders robust aussehende Stäbe auswählen. Ich platzierte sie auf der Sonnenseite des Balkons, in fröhlicher Erwartung eines göttlichen Zeichens. Das Zeichen war dann unmissverständlich. Alle Stäbe gingen ein. Gleichzeitig kauften fast alle meine Nachbarn ebenfalls Aronstäbe, und auf jedem zweiten Balkon blühten sie auf, besser als im Alten Testament vorgesehen. Ich wollte nicht glauben, dass meine Nachbarn, die ganzen protestantischen Schwaben von nebenan, auserwählt sein sollten und ich nicht. Ich gab den Stäben eine zweite Chance, kaufte dieses Mal nicht beim Vietnamesen, sondern in dem Blumenfachgeschäft, in dem die Schwaben auch eingekauft hatten.

Doch alles war gegen mich. Mit sechs Stäben stand ich nun vor dem Fahrstuhl und wartete vergeblich darauf, dass er kam. Er kam nicht. Seit die Kinder aus unserem Haus in der Fahrstuhlkabine gelesen haben, dass Kinder unter zwölf Jahren die Kabine nur in Begleitung ihrer Eltern betreten dürfen, fahren sie pausenlos rauf und runter. Die meisten dieser Kinder sind gerade zwölf oder dreizehn geworden und wollen es der Welt beweisen. Sie steigen aus dem Fahrstuhl gar nicht mehr aus. Wenn es ihnen allein zu langweilig wird, nehmen sie ein paar jüngere Freunde mit. Für Eltern ist kein Platz mehr in diesem Fahrstuhl oder überhaupt in ihrem Leben. Ihre Freunde sind ihr wichtigster Lebensinhalt, nicht die Schule, nicht die Familie und nicht die Computerspiele. Freunde! Sie sind die einzig wahre Quelle des Wissens und der Inspiration. Nur das, was sie erzählen, stimmt. Und diese Freunde haben eine Menge zu erzählen. Meine Kinder haben ihren Freunden erzählt, es gäbe zwei Sorten von Rappern: die mit heruntergelassenen Hosen und die anderen, die ihre Hosen bis zur Kinnlade hochzogen. Erstere wären schwul, die anderen verklemmt. Freunde erzählen, dass Jimmy Hendrix noch immer lebt und Leonard Cohen heißt oder wie man auf Facebook als Schüler getarnte Lehrer entlarvt und rausmobbt. Der Klassenlehrer meines Kindes, der die naive Idee hatte, als vietnamesisches Mädchen getarnt mit seinen Schülern auf Facebook Kontakt aufzunehmen und mehreren schrieb »Hey, wie geht es Dir, was hältst Du von Deinem Klassenlehrer?«, wurde sofort als falscher Freund geblockt und musste auf einer Klassenversammlung sein Benehmen erklären. Nur die richtigen Freunde zählen.

Ich denke mit Sehnsucht an die Zeiten zurück, als Kuscheltiere unsere besten Freunde waren, Haustiere wie Hamster und Katzen. Ich hätte meinen Kindern gern auch weiterhin ihre Freunde im Zooladen gekauft, ein paar nette kuschelige Freunde, die die ganze Zeit im Käfig saßen, spielten, fraßen und die Klappe hielten. Aber das ging nicht mehr. Wenn man schon im Fahrstuhl ohne Begleitung fahren darf, so darf man sich auch seine Freunde selbst auswählen, kleine freche Freunde, die sich nicht mehr aus dem Fahrstuhl des Lebens vertreiben lassen. Je erwachsener man wird, umso höher will man steigen, der Fahrstuhl geht nach oben, er fliegt wie eine Rakete und kratzt beinahe an den Wolken. Die Eltern müssen nicht mehr dabei sein. Voller Demut pflanzen diese nun Aaronstäbe auf dem Balkon, im Fahrstuhl ist vor lauter Freunden sowieso kein Platz mehr für sie.

Wohin der Flug geht, wird sich erst mit der Zeit herausstellen. Die Erfahrung der Menschheit besagt sowieso, dass sich jede richtige Richtung als falsch erweisen kann – oder als goldrichtig. Die Natur hält dafür Beispiele ohne Zahl parat. Das beste ist ein Waldbrand. Jeder weiß, wenn der Wald brennt, laufen Hirsche und Rehe vor den Flammen weg. Doch es gibt Dutzende, wenn nicht Hunderte flammophiler Lebewesen, vor allem Insekten, die es wie Ikarusse in die entgegengesetzte Richtung, ins Feuer zieht. Denn ein Waldbrand bedeutet für sie Nahrung, Wärme und die Möglichkeit schneller unkomplizierter Fortpflanzung. Der Morgen danach, der Tod durch Verbrennen wird bei diesen Arten als ferne Zukunft abgetan. Man lebt schließlich im Hier und Jetzt und muss irgendwie vorankommen. Im Voraus planen sie nicht.

Die Kinder im Fahrstuhl auch nicht. Sie wissen mit Sicherheit, dass der Fahrstuhl auf irgendeinem Stockwerk stehen bleibt, vielleicht auf dem Dach. Sie steigen aus, unten blühen die Stäbe, oben scheint die Sonne, und das wahre Leben beginnt.

Im Haus des Gastes

Das Wetter in Glücklitz entzieht sich allen Voraussagen und trotzt allen Prognosen. Es überrascht einen ständig und ist so unwägbar wie das Wetter im Bermuda-Dreieck. Es ändert sich beinahe stündlich. Während es in Berlin und ganz Brandenburg regnet, scheint hier die Sonne, und wenn ganz Deutschland sich sonnt, schüttet es in Glücklitz wie aus Eimern, und riesige Schnecken ohne Häuser schleimen sich durchs Gras. Im Sommer ist es hier oft zu heiß, im Winter zu frostig. Trotzdem werden die Glücklitzer nie krank, und wir haben bisher noch nicht einmal einen Erkälteten im Dorf gesehen.

Ende Juni bekam jedoch ganz Deutschland hohes Fieber. Tausende, ja Millionen armer Menschen, Ausgebeuteter, Rentner, Studenten, Arbeitsloser und Obdachloser schauten mit großem Interesse zu, wie elf junge, fitte Millionäre für sie auf dem grünen Rasen Ball spielten. Je höher die deutsche Mannschaft in der Europameisterschaft aufstieg, umso heißer wurde es in Glücklitz. Als die Deutschen ins Halbfinale kamen, verordnete ich mir selbst und der ganzen Familie hitzefrei. Alle anstrengenden Arbeiten außer Fußball gucken wurden untersagt. In Glücklitz gab es keinen öffentlichen Ort, wo man die Spiele auf großer Leinwand verfolgen konnte. Deswegen pilgerten die meisten Glücklitzer nach Seebeck, ein Ort, der einen Kilometer entfernt lag, um dort im »Haus des Gastes« den Untergang der deutschen Mannschaft gegen die Italiener zu verfolgen.

Wir gingen mit allen zusammen auf dem sogenannten »Weg des Leidens« nach Seebeck. Dieser »Weg des Leidens« ist eine lange Strecke, die sich wahrscheinlich durch ganz Nordbrandenburg zieht. Sie ist an mehreren Orten ausgeschildert und mit Erinnerungstafeln und Erklärungen versehen. Viele tausend Opfer des Nationalsozialismus starben hier an Hunger und Erschöpfung. Heute ist dieser Weg denkmalgeschützt und an manchen Stellen verbreitert worden, damit Schüler und Studenten auf Fahrrädern die Geschichte ihres Landes aus erster Hand lernen können. Schüler und Studenten kommen aber eher selten auf den »Weg des Leidens«, viel öfter sehe ich dort die Glücklitzer selbst, die nachdenklich zwischen Wald und Feld auf diesem Weg spazieren gehen. Auch wir gehen den Weg des Leidens oft, zum Beispiel um Pilze zu sammeln oder eben um zum Haus »des verlorengegangenen Gastes« im Nachbarort zu gelangen.

Das Haus ist eigentlich eine phantastisch ausgestattete Kneipe mit Tresen, Billard, Kegelbahn, Musikanlage, großer Leinwand und sogar einer umfangreichen Bibliothek. Alle Getränke kosten hier bloß einen Euro, nur Gäste gibt es kaum. Auf jeden Fall keine ungeladenen, fremden Gäste, die niemand kennt. Wo sollten solche Gäste überhaupt herkommen, etwa wie Hänsel und Gretel aus dem Wald? Trotz der fehlenden Gäste oder gerade deswegen machte das Haus einen gastfreundlichen Eindruck. Sicher hätten Hänsel und Gretel ihren Spaß im »Haus des Gastes« gehabt, wenn sie in Seebeck aus dem Wald gekommen wären. Sie hätten ein Bier fast für umsonst trinken, Billard spielen und mit uns Fußball gucken können. Statt im gastfreundlichen Brandenburg kamen sie aber irgendwo in Hessen aus dem Wald, glaube ich. Na dann, viel Glück.

Diesmal war das »Haus des Gastes« beinahe voll. Das ganze Dorf schien gute Laune zu haben, was bei Brandenburgern relativ ist und sich äußerlich kaum von schlechter Laune unterscheidet. Auch wenn sie für ihre Mannschaft fiebern, lassen sie sich nichts anmerken. Noch nie habe ich so unaufgeregte Fußballfans wie die Glücklitzer gesehen. Sicher schlug ihr Herz für Deutschland, aber es klopfte nicht allzu doll. Die deutschen Millionäre auf dem Feld spielten diesmal uninspiriert, die italienischen dagegen attackierten so verzweifelt, als würde ihr ganzer Wohlstand davon abhängen. Am Ende verloren die Deutschen, man sah den Trainer, der verzweifelt an seinen Fingernägeln kaute.

»Na jut. Jetzt müssen wir wohl alle Pizza bestellen?«, fragten die Glücklitzer den Wirt. Er lächelte. Es war natürlich ein Witz, eine rhetorische Frage, denn bis zur nächsten Pizza waren es gut dreißig Kilometer durch den Wald. Und die Italiener hätten, denke ich, an diesem Tag sowieso nicht geliefert. Bestimmt feierten sie selbstvergessen den Sieg, und jeder schmiss sich seinem Nächsten an die Brust, als hätte er selbst gerade den Elfmeter geschossen. Die Italiener konnten lange feiern.

Zum Glück sind nicht alle italienischen Lokale in Deutschland in italienischer Hand. Vor einiger Zeit war ich zu einer Lesung nach Nagold eingeladen, genau genommen sollte ich bei der dortigen Landesgartenschau einen Vortrag zum Thema »Gartenarbeit als Lebensaufgabe« halten. Die Einwohner dieses sehr kleinen Städtchens fühlten sich von der riesigen Landesgartenschau vollkommen überrumpelt, beinahe drangsaliert.

»Da kommen hungrige Gäste gleich zu Dutzenden ins Lokal, alle wollen etwas essen und jeder etwas anderes!«, beschwerte sich der mollige Wirt des dortigen Gasthauses. Er war ziemlich außer Atem.

Ich fragte den türkischen Buchhändler, der zu meinem Vortrag Gartenliteratur verkaufte, wo ich vielleicht ohne Stress essen gehen könne. Er meinte, der hiesige Grieche wäre nicht schlecht, ein enger Verwandter von ihm, und der Italiener sei sein Onkel. Beide Restaurants würden ebenso familiär wie gewissenhaft geführt. Ich fühlte mich, als wäre ich nicht in Nagold, sondern in meiner eigenen Erzählung gelandet, in der die Griechen in Wirklichkeit Türken sind und umgekehrt. Ich fragte den Buchhändler, warum seine Verwandten nicht türkisch kochten. Natürlich hätten sie zuerst versucht, die Nagolder für die türkische Küche und die türkische Gastfreundschaft zu begeistern, erklärte mir der Buchhändler die Lage. Hierzulande gelte es als korrekt, wenn man nach einem Restaurantbesuch am nächsten Tag zu seinen Freunden, Kollegen oder Nachbarn sagte: »Wir waren gestern beim Italiener«, oder zur Not: »Als wir gestern beim Griechen saßen«, meinte er. Doch wer es wagte, laut in einer Runde zu sagen, er sei gestern bei einem Türken gewesen, werde in den Augen aller als zur sozial schwachen und bildungsfernen Schicht gehörig abgetan. Deswegen strenge sich sein Onkel an, seine Gäste mit »Ciao«, »Salute« und ähnlichen Wörtern zu begrüßen, die er einstudiert habe, um das Authentisch-Italienische seines Lokals hervorzuheben. Im Buchhandel hätten die Leute Gott sei Dank weniger Vorurteile. Sie hätten kein Problem damit, wenn ein türkischer Buchhändler von einem Russen geschriebene deutsche Bücher unters Volk brachte. An diesem Abend machte der Buchhändler einen guten Umsatz. Meinen Schrebergartenroman verkaufte er kistenweise.

Die Gartenschau platzte aus allen Nähten, denn die Schwaben lieben Gärten. Im Grunde ist das ganze Schwabenland ein einziges Gartenreich. Obwohl, Hand aufs Herz, ist nicht unser ganzer Planet eine Gartenanlage? Überall ist Garten – ein gepflegter oder ungepflegter, ein kaputt gemachter, asphaltierter, ein verhinderter Garten, ein verwilderter, englischer, französischer, chinesischer. Oder ein schwäbischer.

»Wir leben in einem riesigen Garten«, behauptete ich und wunderte mich im Gespräch mit meinem Gastgeber über die merkwürdigen, außerirdisch klingenden Namen der kleinen Orte, an denen ich gerade vorbeigefahren war: Calw, Hirsau, Monakam und Siehdichum.

»Alles alte, verdiente Orte«, klärte mich mein Gastgeber auf. »Calw zum Beispiel ist die Heimatstadt von Hermann Hesse. Obwohl Hermann Hesse zu dieser Stadt überhaupt nicht passt, weder als Mensch noch als Schriftsteller.«

Ich war überrascht, dass Hermann Hesse nicht irgendwo in Hessen auf die Welt gekommen war, wie man seinem Namen entnehmen könnte, sondern im Schwabenland. Ich habe seine Bücher auf Russisch in der Armee gelesen und sie als Trauerhymne der Einsamkeit, als laute Absage an eine geistlose und gesichtslose Umgebung verstanden. Ein Mann, der sich dagegen wehrt, als Rädchen in der Maschine des Alltags zu verrosten, wird immer allein und unverstanden bleiben, so interpretierte ich seine Botschaft. Damals in der Armee kamen seine Bücher gerade zur rechten Zeit. Wie wahr, dachte ich, wie tief und ergreifend. Ich fühlte mich in seinen Büchern so zu Hause, als hätte ich sie selbst geschrieben. Sie passten perfekt in die Einöde des Soldatenlebens. Zur schwäbischen Landschaft passen sie gar nicht.

»Doch, doch, er war ein Schwabe aus Calw!«, überzeugten mich die Gastgeber. Dort in Calw stand angeblich sogar sein Elternhaus mit einer Erinnerungstafel, gab es gar ein Hermann-Hesse-Museum, und die dortige Schule trage seinen Namen. Aber die Calwer selbst mögen ihren berühmten Landsmann nicht. Und das nicht nur, weil er nichts Gutes über sie und seine Heimatstadt geschrieben hat. Ganz grundsätzlich können die Calwer in Hesse nicht ihren Bruder im Geiste erkennen. Manche älteren Bürger, die sich noch an ihn erinnern, sagen, er wäre ein Querulant und Angeber gewesen, habe sich bereits als Kind aus jeder gemeinnützigen Arbeit rausgehalten, seine Nachbarn wie Fremde behandelt, und seine Eltern wären auch nicht viel besser gewesen. Sie hätten nie etwas in ihrem Garten gemacht. In der Pubertät wäre dieser Hesse kaum zu ertragen gewesen, stets depressiv und verspannt. Er ging nur unwillig zur Kirche, und ein guter Schüler wäre er auch nie gewesen. Unverständlich, warum jetzt die Schule seinen Namen trage.

Die Tatsache, dass Hesse Weltberühmtheit erlangte,

können sich die Calwiner nur damit erklären, dass seine Leser den Autor nicht persönlich zum Nachbarn hatten. Hesse konnte seinerseits seiner Heimatstadt und den Menschen dort auch nicht viel abgewinnen. Ihre Gefühle beruhten also auf Gegenseitigkeit. Bei der erstbesten Gelegenheit habe Hesse die Stadt verlassen und sei nie zurückgekehrt, erzählte mir mein Gastgeber. Er habe aber der Stadt und dem dortigen Bürgertum ein schwieriges Erbe hinterlassen – die Erinnerungsstätte von jemandem zu sein, der gegen alles Bürgerliche meuterte. Deswegen fallen die meisten Touristen, die zum Hesse-Museum kommen, auch unangenehm auf. Sie fahren oft Motorräder, sitzen auf der Straße, statt in die Gaststätte zu gehen, und machen viel Lärm in der Stadt, ohne dort auch viel Geld auszugeben. Während nach Nagold zum Beispiel fast nur anständige Gartenfreunde kommen. Die eher seltenen Rentner fahren nach Hirsau, und gar keiner kommt nach Siehdichum, allein schon des Namens wegen.

Ich bin, Gott sei Dank, nicht weltberühmt wie Hesse, und doch hängt mein Foto als Stickerei im »Haus des Gastes« in Seebeck an der Wand, an der Tafel für all die prominenten Persönlichkeiten, die dieses gastfreundliche Haus jemals besucht haben. Ich hänge allein dort. Hesse hatte keine Zeit, durch Brandenburg zu fahren, und die anderen Künstler lassen auf sich warten.

Fliegenfischen

»Ich mache mir nichts aus Angeln«, schüttelte mein Freund Oleg den Kopf. »Alle sollen bleiben, wo sie sind, die Fische im Wasser, die Vögel am Himmel, die Menschen am Ufer.«

Mich hat seine pazifistische Haltung, ehrlich gesagt, enttäuscht. Ich hatte ihn extra zum Glücklitzer See gefahren, damit er mir mit seinen umfangreichen Fischererfahrungen half, endlich einigen Brandenburger Fischen in die Augen schauen zu können. In seinem früheren Leben hatte mein Freund nämlich als zweiter Kapitän auf dem Fischerboot *Karl Marx* gedient. Das Weiße Meer, Nordsee, Ostsee und einige Seen mehr hat er auf seinem Kutter mit einem zwei Kilometer langen Netz durchkreuzt und tonnenweise Fisch auf dem Gewissen. Ein paar Brandenburger würden da nicht mehr ins Gewicht fallen, dachte ich und hatte sogar extra einen Angelschein für ihn bestellt. Alles umsonst.

Dafür schwelgte Oleg gern in Erinnerungen. Er erzählte immer wieder, wie seine *Karl Marx* vor vielen Jahren einmal bei Stralsund aufgrund eines technischen Defekts vor Anker gehen musste und vom Ministerium der Flotte für mehrere Monate vergessen worden war. Die Matrosen hatten jedoch weiterhin jeden Tag Urlaubsgeld in Höhe von 46 Ostmark und genehmigten Ausgang bekommen. Sie hatten nichts zu tun, hingen in den Diskos herum und machten die Bars der Umgebung unsicher. Es fehlte nicht an romantischen Liebesabenteuern, denn russische Matrosen standen bei den einheimischen Mädchen hoch im Kurs. Es war ein Leben wie im Paradies. Oleg tat alles in seiner Kraft Stehende, um die Reste an Disziplin auf der *Karl Marx* aufrechtzuerhalten. Ziemlich erfolglos. Damals in Mecklenburg wurde ihm klar, dass der Sozialismus in seiner russischen Variante als Bürokratenstaat auf Dauer nicht existieren konnte. Und ehe seine Matrosen aus den Diskos zurückgekehrt waren, war es auch um den Sozialismus geschehen.

Wie die Ostdeutschen hatten auch die Russen damals zwei Leben: eines vor und eines nach dem Ende ihres Regimes. In seinem neuen Leben hatte Oleg nichts mehr mit Fischen zu tun. Er schloss eine neue Ausbildung ab und handelte nun mit Immobilien. Auf alle Fragen zu seiner Arbeit antwortete er, er sei »Investor«. Wir hatten uns lange nicht gesehen. Der neue Job hatte ihm Wohlstand gebracht und einen nachdenklichen Gesichtsausdruck, den er früher nicht gehabt hatte. Nun schaute er von der Höhe seiner zwei Leben herab auf die Welt, als wollte er sagen, jede Mühe sei vergebens und nichts als eine sinnlose Jagd nach dem Wind. Nach vielen Jahren war er nun wieder nach Deutschland gekommen, zum ersten Mal nicht als Matrose, sondern eben als »Investor«.

Wir saßen auf der Terrasse direkt am See. Man konnte zwei kleine Anglerboote am anderen Ufer sehen, die gegen den Wind navigierten. Seit zwei Tagen wütete ein starker Nordwind und blies sogar unsere auf dem Dach festgeklebten Vogelscheuchen – zwei hässliche Plastikkrähen – um. Sofort nahmen die lebendigen Vögel ihren Platz auf dem Dach ein, eine brandenburgische Amsel-Familie kackte uns fortan in die Fenster und sang am Morgen ostdeutsche Volkslieder. Fast niemand von seinen früheren Seekameraden sei in der Branche geblieben, erzählte Oleg. Die Kapitäne waren fast alle Investoren oder Ähnliches geworden. Doch anders als er würden sie regelmäßig zum Fliegenfischen ans Weiße Meer fahren. Das Fliegenfischen war die neueste, modernste, sportlichste Angelvariante und auf gutem Weg, das herkömmliche Angeln für immer zu verdrängen.

»Wenn du willst, kann ich dir eine solche Fliegenfisch-Tour organisieren. Sie ist bei Ausländern wie bei Einheimischen sehr beliebt. Iren kommen, Norweger, sogar Finnen fliegen extra nach Wladiwostok, um dort ihre Fliegen einzuwerfen. Profis unterscheiden zwischen nassen und trockenen Fliegen. Die nassen sinken etwas unter Wasser, die trockenen bleiben an der Oberfläche. Beim Fliegenfischen steht der Angler nicht reglos am Ufer, sondern wirft seine künstliche Fliege am Haken immer wieder ins Wasser, bis sich ein Fisch den Köder schnappt. Willst du wissen, wie Fliegenfischen funktioniert? Ganz einfach«, erzählte Oleg:

»Die Fische werden in die Irre geführt. Wie alle Lebewesen. Wir werden doch alle auf die gleiche Art und Weise abgefangen, verführt, in eine Falle gelockt. Wir fallen unseren Erinnerungen zum Opfer. Jeder trägt eine schöne Erinnerung in sich an etwas Heimisches, ungemein Leckeres, Einmaliges. Wir suchen das Vergangene in der Gegenwart, und wenn wir es finden, ist es fast immer eine Falle. Nicht anders ist es bei den Fischen, zum Beispiel den Lachsen nahe Wladiwostok. Der Lachs wächst in einem See, und als Baby isst er gerne kleine Mücken und Fliegen, die auf der Wasseroberfläche landen. Später wird der Fisch groß und stark, er schwimmt ins Meer, wechselt vom süßen ins salzige Wasser, und er vergisst die Mücken und Fliegen. Seine Ernährungsgewohnheiten ändern sich komplett.

Doch zum Laichen schwimmen die Lachse wieder dorthin, wo sie geboren wurden. Der große Lachs sucht den Weg vom Meer zurück in den See seiner Kindheit.

Mit einem inneren Kompass ausgestattet findet er die richtige Route, kehrt an den Ort seiner Geburt zurück und bleibt dort zur Entsalzung für längere Zeit stehen. Manchmal vergehen Wochen, in denen der Fisch nichts isst. Äußerlich bleibt der Lachs groß und stark. Innerlich verwandelt er sich in ein Baby. Er kann nichts mehr essen, hat auf nichts mehr Appetit, abgesehen vielleicht von der großen bunten Fliege, die er einmal, als kleiner Jungfisch, auf der Wasseroberfläche gesehen hat. Es war eine ganz besondere Fliege. Sie war groß und bunt, leuchtete grün und blau und landete direkt vor seinem Maul. So schaut der Fisch nach oben und wünscht sich, dass das Wunder noch einmal geschieht, dass die große Fliege aus seiner Kindheit noch einmal vor ihm auftaucht. Alle Welt weiß, wenn man sich etwas sehr lange und sehr stark wünscht, dann wird es auch früher oder später wahr. Das steht in jedem anständigen Märchen geschrieben. Und so landet auch die bunte Kindheitsfliege wieder vor dem Lachs. Nur hat diese Sache aber einen Haken. Einen scharfen Haken... So funktioniert das Fliegenfischen«, sagte Oleg.

Eine Weile hörten wir dem Wind zu.

»Das kann man beidhändig oder mit einer Hand machen, und natürlich brauchst du eine ganz andere Ausrüstung dafür«, erzählte er nach einer Pause weiter. »Wenn du willst, können wir zusammen nach Wladiwostok fahren und Fliegenfischen gehen. Ich mache mir zwar nichts aus Angeln, aber für dich würde ich eine Ausnahme machen.«

Ob die falschen Fliegen nicht eine größere Verarschung als lebende Würmer seien, fragte ich ihn.

»Ach was«, meinte Oleg. Seine Tätigkeit als Investor wäre ein ständiges Fliegenfischen. Seine Kollegen, die Investoren, wir alle werden tagtäglich gefangen in einem nicht enden wollenden Traum, der uns leiden und hoffen lässt, um uns am Ende noch weiter vom Gewünschten und Erträumten wegzubringen.

»Neulich hatte ich in Moskau ein Investorentreffen in einem spanischen Gourmetrestaurant«, erzählte mein Freund weiter. »Ich kam etwas früher und sah, wie direkt vor dem Haus eine alte Dame, die wie meine erste Lehrerin aussah, auf der Straße etwas schmerzlich Bekanntes verkaufte. Es waren glasierte Quarktaschen, in gelb-silberne Folie gewickelt, die süße Wonne meiner Kindheit. Nur sind die Quarktaschen mittlerweile unverschämt teuer geworden: Damals in der Sowjetunion kosteten sie fünfzehn Kopeken, heute dagegen dreißig Rubel, dafür aber auf dem freien Markt und ohne Warteschlange. Eigentlich kaufe ich nie Essen auf der Straße, und vor dem Essen zu essen ist sowieso nicht ratsam, doch es war, glaube ich, Instinkt. Wie ein nostalgiekranker Lachs investierte ich sofort hundert Rubel in meinen Kindheitstraum. Er schmeckte ekelhaft süß und verklebte mir den Rachen. Ich konnte das grausame Zeug weder ausspucken noch runterschlucken, so etwas Schlimmes ist mir noch nie passiert. Zum Glück hatten die Quarktaschen keine Haken«, lächelte Oleg.

Der Mensch ist unsicher, seine Pfade sind eng und traurig. Deswegen freut er sich über jede Abweichung von der Route, über jede bunte Fliege, die vor seiner Nase landet. Außerdem schließt der Mensch immer von sich selbst aufs große Ganze, in seiner eigenen Zukunft sieht er die Zukunft aller, und wenn es ihm nicht gut geht, spricht er gleich vom Ende der Welt. Seine Erinnerungen halten ihn fest im Griff, sein Wille zur Veränderung, seine Stimme ist mit alten Quarktaschen verklebt.

»Nein, also, ich mache mir wirklich nichts aus Angeln«, wiederholte Oleg. »Die Jagd dagegen«, fügte er nach einer kleinen Pause hinzu, »ist schon eine tolle Sache. Von Wladiwostok fliege ich mit dir nach Chabarowsk. Dort in den Wäldern habe ich Freunde, die organisieren uns eine Bärenjagd. Hast du schon mal einem Bären in die Augen geblickt?«, fragte mich Oleg und schaute mir dermaßen herausfordernd in die Augen, als wäre er selbst der Bär.

Unsere Dorfrussendisko

Die Nachricht, die Russen seien im Dorf, verbreitete sich trotz unseres dezenten Nichtstuns schnell. Die wenigen Bewohner von Glücklitz, die ich auf den Straßen des Dorfes traf, bemühten sich, mich auf Russisch zu begrüßen. Der Wortschatz, den sie aus dem ostdeutschen Unterricht noch hatten, reichte dafür immer noch aus. Sie sagten »kak dela«, »spasibo«, »dawai« und natürlich »Dostoprimeschatelnosti« – ein für ungeübte Sprecher unglaublicher Zungenbrecher, der auf Deutsch »Sehenswürdigkeiten« heißt. Ich glaube, die sozialistische ostdeutsche Regierung hat damals dieses Wort extra ins Schulprogramm aufgenommen, um die Bevölkerung damit zu testen. Denn nur jemand, der »Dostoprimeschatelnosti« buchstabieren konnte und mindestens einen russischen Brieffreund hatte, galt als kommunismusreif.

Viel Wasser ist seitdem in den Glücklitzer See geflossen, viele Wolken am Himmel vorbeigezogen. Die

DDR ist vor einem Vierteljahrhundert untergegangen, die russischen Brieffreunde schreiben schon lange nicht mehr zurück, und aus den Trabbis wurden Aschenbecher. Aber der russische Zungenbrecher lebt im Unterbewusstsein der Ostdeutschen fort, als wäre er ein Teil des geheimen Codes, der uns vor den Abgründen des Lebens schützt und die Antwort auf die wichtigste Frage gibt, eine Frage, die wir leider vergessen haben. Aber die Antwort kennen wir. Sie lautet: Sehenswürdigkeiten.

In der Schule war es bestimmt eine unerträgliche Folter, dieses Wort. Eine sinnlose Aneinanderreihung unbekannter Buchstaben, die es auswendig zu lernen galt. Wahrscheinlich haben damals die meisten Russisch gehasst. Doch wie es oft im Leben ist, kommt mit dem Alter das früher Gehasste als einmaliger Schatz wieder ins Bewusstsein zurück. Das unfreiwillig eroberte Wissen wartet nur darauf, dass sein Inhaber einen Russen auf der Straße sieht. Dann macht es *klick*, und tief im Unterbewusstsein öffnet sich plötzlich ein kleines Türchen, die Sehenswürdigkeiten springen heraus und sagen: Hallo! Wir sind es, die Dostoprimeschatelnosti. Hast du uns vermisst?

Eines Tages fischte ich eine Serviette aus unserem Briefkasten auf dem Land. Darauf stand in Schönschrift geschrieben:

Lieber Nachbar Wladimir,
wir verkaufen das schöne Haus an der Ecke
mit großem Garten und Seeblick. Sagen Sie bitte
Ihren Landsleuten Bescheid, vielleicht haben
sie Interesse.

Wir wunderten uns über dieses Angebot, und vor allem darüber, dass ausgerechnet unsere Landsleute darin bevorzugt wurden. Ich zeigte meinem Dorfnachbar Mathias, dem Schlüsselwart vom »Haus des Gastes«, den Brief und fragte ihn, was er davon halte. Mathias lachte darüber, dass die Glücklitzer sich über den Zuzug von Russen freuten. Er selbst war ebenfalls ein Zugezogener und noch gar nicht so lange in Glücklitz.

Er meinte, das Russeninteresse der Dorfbewohner sollte man eigentlich nutzen und unbedingt eine Russendisko in Glücklitz veranstalten. Am besten ehrenamtlich, damit er den Reingewinn für eine Neuauflage der Chronik unseres Dorfes nehmen könne. Die Chronik war nur in einer kleinen Auflage gedruckt worden und lange auf Platz eins der Glücklitzer Bestsellerliste gestanden, sodass die fünfzehn Exemplare schnell vergriffen waren. Es war längst an der Zeit, eine neue, erweiterte und verbesserte Auflage zu drucken, nur fehlte das Geld dafür.

Mir kam die Idee, in Glücklitz eine Russendisko zu veranstalten, ziemlich skurril vor, obwohl wir, ehrlich gesagt, in der letzten Zeit an zunehmend skurrileren Orten Musik gemacht hatten. So war die Russendisko sogar Höhepunkt des Deutschen Kirchentages in Dresden gewesen. Wir sollten dort im Foyer des Hygiene-Museums für junge und alte Christen Musik auflegen. Aber nur bis Mitternacht, denn gute Christen dürfen nicht zu spät ins Bett gehen, damit sie am nächsten Tag zeitig aufstehen und genug Kraft für gute Taten haben. Ich stellte mir einen ruhigen, entspannten Abend vor, wurde aber eines Besseren gelernt. Noch nie hatte die Menge so wild und ausgelassen getanzt wie in Dresden. Sie fing zu tanzen an, noch bevor ich überhaupt irgendeine Musik aufgelegt hatte, aus innerem Antrieb sozusagen. Danach war sie nicht mehr zu halten.

Bevor wir ins Museum kamen, war ich mehrmals interviewt worden und hatte an einer Gesprächsrunde mit ehemaligen KZ-Häftlingen und Überlebenden des Krieges teilgenommen. Das Thema des Tages war »Versöhnung«. Also wollte man von mir wissen, wie Versöhnung auf Russisch hieß, was die Russen überhaupt von den Deutschen hielten, von Deutschland im Allgemeinen und von Dresden im Besonderen. Ich schwieg mich diplomatisch aus, denn auf Russisch gibt es gar keine Versöhnung. Viele deutsche Wörter existieren im Russischen einfach nicht, solche wie »Einverständniserklärung« oder »Wiedergutmachung«. Die Russen zweifeln daran, dass man etwas Schlechtes wiedergutmachen kann.

Und Dresden, eine wunderschöne Stadt, wird in Russland hauptsächlich als Putins Nest wahrgenommen. Er war dort lange als Spion tätig gewesen und hatte sich vieles von den Sachsen abgeguckt. Wenn irgendwelche Fotos von den prächtigen Schlössern des Präsidenten in die russische Presse gelangen, Schlösser, die er angeblich irgendwo auf der Krim für sich bauen ließ, mit gemütlichen Schlafzimmern in Rosa und Pastell, mit dunklen Esszimmern und schweren Nussbaumholztischen, dann schreiben die russischen Journalisten abwertend: »typisch Dresden der Siebzigerjahre, mehr Schein als Sein.« Das schreiben sie wahrscheinlich, um dem Präsidenten wehzutun. Heute ist Dresden allerdings eine sehr schöne Stadt, fast die schönste Deutschlands, obwohl der Goldene Reiter doch zu goldig, protzig, beinahe russisch glänzt.

Im Museum standen schon vor Beginn der Veranstaltung tausend Tänzer bereit, noch mehr warteten draußen vor den Türen in der Hoffnung, vielleicht später durch die Kontrolle zu kommen. Gemäß den strengen Auflagen der Feuerwehr durfte nur eine bestimmte Anzahl von Personen gleichzeitig im Hygiene-Museum tanzen, damit im Fall eines Brandes die Fluchtwege nicht versperrt waren. Auch solche Wörter wie Flucht- oder Rettungswege gibt es im Russischen nicht. Für Russen ist das bloß Platzverschwendung, sie glauben nicht, dass irgendein extra freigehaltener Weg sie retten könnte. In Deutschland dagegen sind Rettungswege sehr wichtig. Nichts unternehmen die Deutschen, ohne zuerst die Fluchtwege zu bestimmen, wobei sie den ausländischen Flüchtlingen gleichzeitig gerne ihre Fluchtwege abschneiden und sie abschieben.

Hitze hatte die Stadt erobert, aber das Hygiene-Museum besaß keine Lüftung, und es roch mit jeder Minute unhygienischer. Das Foyer war denkbar schlecht als Diskofläche geeignet, die Technik zu instabil, das Licht zu hell.

»Haben Sie vielleicht eine Diskokugel?«, fragte ich den Haustechniker naiv.

»Das nicht, aber ich kann es dunkler machen«, sagte er und schaltete kurzerhand das Licht aus.

Ein Aufschrei der Erleichterung stieg zum hohen Dach des Museums empor. Sofort sprangen die ersten Tänzer auf, andere fassten ihre Damen an der Taille und drehten sich im Kreis, obwohl ich noch gar keine Musik gemacht hatte. Ich war erst einmal mit dem Auftreiben von alkoholischen Getränken beschäftigt. Im Foyer war nichts zu holen. Es gab zwar eine Bar, jedoch nur draußen, außerhalb des Museums. Aus Sicherheitsgründen durfte man drinnen weder rauchen noch trinken. Doch die christliche Jugend hatte keinen Bedarf an Drogen, sie brauchte weder Tabak noch Alkohol, nicht einmal Musik, um lustig zu sein und loszutanzen. Es war der Glaube in ihren Herzen, so schlussfolgerte ich, der Glaube, der sie antrieb. Eine seltene Gabe. Gesegnet sei der, der sie hat.

Viele der Tanzenden trugen die gleichen dunkelgrünen Hemden. Auch die Jugendlichen, die für die Kontrolle an den Türen und für Ordnung und Sauberkeit im Museum sorgten, hatten eine solche Uniform an. Es seien Pfadfinder, erklärte mir der Veranstalter. Sie würden in einem riesigen Zelt außerhalb der Stadt wohnen und hätten eigentlich den ganzen Kirchentag organisiert. Es war sehr laut im Museum, der wilde ukrainische Rock 'n' Roll dröhnte aus den Lautsprechern, außerdem kannte ich das Wort »Pfadfinder« nicht, Pfadfinder gibt es wahrscheinlich nicht auf Russisch, deswegen verstand ich »Pfandfinder« und nickte verständnisvoll.

»Auch bei uns in Berlin sind regelmäßig viele Pfandfinder unterwegs«, erzählte ich dem Gastgeber. »Sehr nette Menschen, wie hier, Alt und Jung. Sie suchen nach leeren Flaschen und halten die Stadt sauber. Allerdings haben sie nicht so schöne Uniformen wie hier in Dresden.«

Nun schaute mich mein Veranstalter irritiert an.

»Die Pfandfinder sind doch Menschen, die leere Flaschen sammeln, um das Pfand zu kassieren«, präzisierte ich.

»Und Pfadfinder sind die Menschen, die nach dem richtigen Pfad suchen. Sehen Sie den Unterschied?«, entgegnete er.

»Wohin soll der richtige Pfad denn führen?«

»Wohin wohl, zu Gott«, hob mein Gastgeber die Schultern und ging.

Mir war es peinlich, dass ich so etwas Triviales wie Pfandfinder mit so etwas Romantischem wie den Pfadfindern verwechselt hatte. Man lernt eben nie aus. Ach, was soll's, dachte ich. Wir suchen alle gerne, ob Pilze im Wald, die Liebe fürs Leben, große Versprechungen oder leere Flaschen. Und jeder Fund ist ein Grund zum Feiern. So machte ich die Musik immer lauter, und das Tanzen wurde ekstatischer, bis irgendwann die Pfadfinder und die Pfandfinder nicht mehr auseinanderzuhalten waren.

Aber hier im Dorf waren die Menschen doch nicht zum Spaßen aufgelegt. Die wenigen Glücklitzer, die ich kannte, konnte ich mir tanzend überhaupt nicht vorstellen, sagte aber Mathias gegenüber nicht nein. Ich schämte mich in dieser Situation, ihn zu enttäuschen, und versprach, falls Interesse bestünde, am letzten Sonntag im August eine Russendisko in der Dorfscheune zu veranstalten. Die Nachricht breitete sich schnell aus. Unser Nachbar Helmut versprach, er würde mit seiner Frau, seiner Nichte und dem Schwiegersohn kommen. Die Töchter von Mathias und sogar der sympathische Landbaron Heiner von der gegenüberliegenden Flussseite, der bunte Blumenbeete und die Ruine einer alten Ziegelei auf seinem Grundstück hatte, freuten sich über die Disko. Heiner träumte davon, dass die Menschen weniger Landwirtschaft und mehr Spaß und Kultur betrieben und ihre Felder nicht in Maisflächen, sondern in Parkanlagen verwandelten. Alle würden kommen, versicherten mir Mathias und Heiner.

Eine Woche später schrieb mir Mathias, die Disko sei bereits ausverkauft, 164 Sitzplätze reserviert, Bier und Würste auf Vorrat eingekauft, um 19.00 Uhr solle die Sache starten, die Party werde abgehen wie eine Rakete. Viele fragten, ob man unbedingt Russisch können müsse, um an der Veranstaltung teilzunehmen. Die Russischkenntnisse vieler Dorfbewohner hätten seit der Schulzeit doch etwas nachgelassen, erklärte Mathias.

Mich machten diese Nachrichten unsicher. Was wurde von mir erwartet? Wer brauchte Sitzplätze in einer Disko, und war 19.00 Uhr nicht ein wenig zu früh für den Spaß? In der darauffolgenden Nacht führte mir ein Albtraum alle Schrecken dieses Tanzabends vor Augen. Ich tanzte allein wie ein Blödmann in der Scheune, und vor mir saß das ganze Dorf auf reservierten Sitzplätzen – Helmut, Mathias und Heiner mit Frau, Kind und Enkelkind –, aß Würste, trank Bier und schüttelte die Köpfe. Beim Aufwachen wusste ich sofort: Das war kein Traum, sondern eine Warnung. Mir war ein Blick in die Zukunft gestattet worden. In meiner Verzweiflung wandte ich mich an meine Familie, mit der Bitte, mit mir in der Scheune zu tanzen.

Die Kinder dachten gar nicht daran. Sie hatten überhaupt nicht vor, aufs Land zu fahren. Völlig in ihrer Pubertät gefangen, warteten sie nur darauf, dass wir abhauten und ihnen eine elternfreie Bude hinterließen. Meine Tochter, die zwei Wochen später ihren sechzehnten Geburtstag feierte, bereitete sich mit vollem Einsatz darauf vor. Sie bat uns, ihr in diesem Jahr keine Geschenke, sondern einfach Geld zu geben, möglichst eine große Summe in kleinen Scheinen. Die Verwandtschaft könne ja mit zusammenlegen. Im Übrigen meinte sie, habe es wenig Sinn, damit bis zu ihrem Geburtstag zu warten, denn der sei ja erst in zwei Wochen, sie brauche das Geld jedoch schon jetzt. Ihr sehnlichster Wunsch wäre es also, das Geburtstagsgeschenk im Voraus zu kassieren. Danach könnten wir nach Glücklitz und dort tanzen – sie hätte Besseres zu tun.

Mein Sohn hatte auch nicht vor mitzukommen. Viel lieber würde er sich ein wenig von den Eltern erholen, die Teppiche in der Wohnung wegräumen und ein paar Tricks mit dem Skateboard lernen. Nur meine Frau nahm sich mein Diskoproblem zu Herzen. Sie telefonierte mit ihren Freundinnen. Stella, Natella, Leila und Frau Müller versprachen mitzukommen, so hatte ich schon vier Tänzerinnen im Sack.

»Es wird bestimmt gutgehen«, beruhigte mich Mathias, als ich meine Bedenken äußerte. »Die Menschen hier sind nicht an Russendiskos gewöhnt, lass ein wenig Zeit zum Eingewöhnen«, meinte er.

Am verabredeten Abend gingen wir zur Musik-
scheune. Das ganze Dorf hatte sich bereits versammelt,
mit Bier und Kind, wie ich schon vermutet hatte. Zum
Eingewöhnen hatte ich eine neue Platte von uns dabei
mit dem lustigen Titel »Lieblingslieder der deutschen
Taxifahrer«. Darauf sangen Menschen aus Russland,
Spanien, Finnland, Bayern und der Türkei auf Deutsch.
Mit dieser Platte wollte ich die Glücklitzer zum Tanzen verführen. Die Musik kam überraschend gut an,
noch besser aber die Mädels. Wir Menschen neigen
doch sehr zur Nachahmung. Kaum sahen die Glücklitzer Stella, Natella, Leila, Frau Müller und meine Frau
Olga tanzen, schon konnten sie nicht mehr still sitzen.
Zuerst kletterten die Familienväter auf die Bühne, um
mit den Mädchen einen russischen Tanz zu probieren.
Ihre Frauen sprangen daraufhin ebenfalls hoch, um ihre
Männer auf diesem gefährlichen Weg nicht alleinzulas-
sen. Und die Kinder zogen nach, um ihren Eltern ein
wenig den Spaß zu verderben. Nach zwanzig Minuten
tanzte die ganze Scheune zu dieser für sie doch sehr
fremden Musik.

Die Tanznacht ging länger als erwartet, viele fragten
mich, ob und wann die nächste Dorfrussendisko geplant sei.

»Ihr Russen seid ein lustiges Völkchen«, meinte mein
Nachbar Heiner. Dabei werde ständig von der Unfreund-
lichkeit, gar Grimmigkeit der Russen erzählt.

Über Brandenburger werde dasselbe erzählt, dass sie zurückhaltend und schweigsam seien. Aber wenn es bei denen zünde, gäbe es keine Ruhe mehr, parierte ich.

Die Grimmigkeit der Russen ist jedoch nicht ausgedacht, sondern sozusagen empirisch belegt. Ständig beklagen sich Journalisten, die gerade von einer Russlandreise zurückkehren, darüber. »Ein wunderschönes Land, aber diese Grimmigkeit der Russen, ihr stets unzufriedener Gesichtsausdruck, als wäre jeder Tag ihr letzter!« Solche Anschuldigungen höre ich oft. Es ist schon vielen aufgefallen, dass die Russen irgendwie komisch gucken. Selbst dem russischen Zaren Iwan dem Schrecklichen war dieser Umstand aufgefallen. Er fragte sich schon, warum die Menschen in seiner Umgebung so wenig lachten. Um seine Untertanen aufzulockern, entwickelte er ein sehr eigenes »Gute-Laune«-Konzept. Er befahl seiner Garde, auf die Straßen zu gehen und jedem, der grimmig guckte, eine runterzuhauen. Diese Verbesserungsmaßnahme wurde lange praktiziert, brachte aber wenig Erfolg. Später versuchten auch die anderen russischen Herrscher vergeblich, das Volk zum Lachen zu bringen. Es endete in einer blutigen Revolution.

Der neue, von den Handschellen der Monarchie befreite Bürger, sollte, nach Überzeugung der Revolutionsführer, endlich lächeln lernen. Doch dessen stets besorgter Ausdruck blieb. Auch das fröhliche Marschieren auf dem Roten Platz, das als Medizin gegen die

Grimmigkeit der Bevölkerung verordnet wurde, heilte nicht. Auf den Bildern von den großen Paraden aus der Sowjetzeit sieht man deutlich, dass nur die ersten Reihen fröhlich mit Fahnen winken, die Masse dahinter schleppt sich mit so angewidertem Gesichtsausdruck über den Platz, als würden sich alle gleich übergeben.

Ich glaube, die Ursache dieses Phänomens liegt in der Weltanschauung der Russen. Denn jedes Volk, jede Nation hat eine eigene, oft archaische Vorstellung vom Wesen unseres Planeten. Die Inder zum Beispiel sind Fatalisten, für sie ist die Erde eine Art süßes Fladenbrot. Dieses Brot liegt stabil auf dem Rücken einer Schildkröte, die von drei großen Elefanten durchs All getragen wird. Nichts kann das Fladenbrot aus dem Gleichgewicht bringen. Sich selbst sehen die Inder als unwichtigen Puderzucker auf dem Fladen, leicht und weiß und jede Sekunde bereit wegzufliegen. Deswegen schauen sie so entspannt und lächeln gerne mit und ohne Grund.

Für die Amerikaner ist die Erde ein wildes Pferd, das es zu zähmen gilt. Das Pferdchen weigert sich und versucht mit wilden Sprüngen die Amerikaner abzuschütteln. Doch mit einem guten Lasso und sicherer Hand lässt sich früher oder später jedes Pferdchen zähmen. Die Amerikaner schauen daher selbstbewusst auf die Welt, sie strahlen Sicherheit und Tatendrang aus.

Die Deutschen sehen dagegen überall Chaos. Und

ihre Aufgabe besteht darin, aus dem Chaos Ordnung zu schaffen, das schier Unübersichtliche, Unlenkbare und Unbegreifliche in eine handliche Form zu bringen und die Erde in etwas Gemütliches und Nützliches zu verwandeln, eine Art Königsberger Klops, praktisch und rund. Sie blicken deswegen nachdenklich und kritisch auf die Welt.

Für die Russen ist diese Welt ein Kurzer – ein Schnaps in der Hand des Großen Unbekannten. Die Russen fragen sich ständig: Trinkt er alles allein aus? Kann er teilen? Sie wissen über die Vergänglichkeit der Welt Bescheid. Sie wissen, wie schnell es geht, den Planeten wie ein Glas zu kippen. Braucht der Große Unbekannte Mittrinker? Und wenn ja, worauf werden wir anstoßen, wenn es so weit ist? Bis zur endgültigen Klärung dieser Fragen bleiben die Russen grimmig und besorgt.

Die Nachsicht der brandenburgischen Barsche

Ich habe herumtelefoniert und herausgefunden, dass der für Angelscheine zuständige Fischer vom Glücklitzer See Hartmut mit Vornamen heißt. »Ohne Angelschein kannst du es vergessen, hier zu angeln«, meinte Hartmut. »Keine Chance.«

Wahrscheinlich handelte es sich hier um speziell ausgebildete Fische, die sofort merkten, ob der Angler einen Schein hatte oder nicht. Und von einem Scheinlosen ließen sich die Brandenburger Barsche nicht fangen. Die Angelscheine von Hartmut waren nicht billig: 120 Euro kostet einer für ein ganzes Jahr, fünf Euro pro Tag, dreißig Euro für eine Woche. Auf meine Hamlet-Frage, ob es überhaupt irgendwelche Fische im Glücklitzer See gäbe, antwortete Hartmut ausweichend, eigentlich schon, aber letzten Endes komme es auf die intellektuellen Fähigkeiten jedes einzelnen Anglers an. Das müsse schon jeder mit sich selbst und den Fischen klären, ob es sie gäbe, meinte Hartmut und murmelte dazu Unverständliches auf Brandenburgisch.

Wenn ich ihn richtig verstanden habe, zweifelte er an meinen Fähigkeiten, den ortsansässigen Barsch aus dem Wasser zu ziehen. Seine Zweifel waren möglicherweise berechtigt. Ich war neu hier, während die Barsche schon eine lange Geschichte hinter sich hatten. Um die Hamlet-Frage zu klären, brauchte ich allerdings einen Angelschein. Ich überlegte und quälte mich wie der dänische Prinz. Einen Angelschein nur für einen Tag zu kaufen schien mir pure Geldverschwendung. Ein Tag ist zu kurz, um mit den Fischen in Kontakt zu kommen. Man musste doch etliches vorbereiten, die Schlafplätze der Barsche unter Wasser erkunden, sie an diesen Stellen füttern, ein wenig mit ihnen spielen. Einen Angelschein für ein Jahr zu kaufen fand ich allerdings übertrieben, denn es war nicht auszuschließen, dass die Fische in diesem speziellen Fall doch klüger waren als der Angler und sich nicht aus dem Wasser ziehen ließen.

Ich kannte bis dahin nur die Zierbarsche im Aquarium meines Freundes Alexander. Sie waren die Bestien unter den Fischen, gefährlich, ungeheuerlich intelligent und anpassungsfähig. Allerdings kamen diese Barsche aus Afrika, nicht aus Brandenburg. Die afrikanischen Malawi-Barsche hatten eine leidvolle Vergangenheit und waren verdiente Helden der Evolution. Der See, in dem sie lebten, war infolge großer Hitze mehrmals ausgetrocknet, das letzte Mal vor 14 000 Jahren. So mussten die afrikanischen Barsche schnell eine Lösung zum Überleben finden. Innerhalb kürzester Zeit wuchsen ihnen Beinchen, sie wurden zu halben Reptilien und konnten die erdrückende Hitze tief im Sand der Wüste vergraben überstehen.

Später evolutionierten sie sich weiter zu Säugetieren, kletterten auf Bäume und suchten nach besserer Nahrung, wurden zu afrikanischen Eichhörnchen und beliebten Haustieren in afrikanischen Haushalten. Sie überlegten, zu Vögeln zu werden und weit weg aus Malawi zu fliegen. Doch das Wasser zog sie an, denn sie hatten ihr Leben als Fische trotz allem in guter Erinnerung behalten. Und kaum füllte sich der See wieder mit Wasser, verwandelten sie sich wieder in Barsche zurück.

Noch später, als sich infolge eines politischen Kollapses die ökologische Situation im Malawisee drastisch verschlechterte, beschlossen die Barsche, nach Europa auszuwandern. Zu diesem Zweck mussten sie ihre Farbe und Körpergröße den Anforderungen europäischer Aquarianer anpassen. Aus großen dunkelgrauen Fischen wurden kleine niedliche Aquariumsfischlein mit niedlichen Gesichtern und bunten Flossen, allesfressend, freundlich und zahm. Nach kurzer Zeit füllten sie die unzähligen Aquarien der Europäer. Besonders populär wurden sie, als man erkannte, dass die Barsche ihre Besitzer von der restlichen Menschheit unterscheiden konnten. Eine Fähigkeit, die aus der Zeit stammte, als sie noch Eichhörnchen waren.

Mein Freund Alexander, der zuerst in seinem Aquarium mehrere kleine Welse und Feuerschwänze angesiedelt hatte, hatte seinen ersten Barsch zufällig, gewissermaßen gegen seinen Willen bekommen. Nämlich von einer Freundin, die sich gerade von ihrem langjährigen Lebenspartner getrennt hatte. Der Lebenspartner wollte ein neues Leben in einer neuen Stadt beginnen. Nichts aus seinem alten Leben wollte er in das neue mitschleppen. Er hinterließ großzügig alles, was er besaß, seiner Exfreundin: seine Socken, seine Schulden und seinen Barsch. Doch den Barsch wollte die Freundin nicht haben, und so landete er bei Alexander im Aquarium.

Der Barsch benahm sich anfangs etwas komisch. Als Erstes verdoppelte er seine Größe. Er wuchs so schnell, dass die anderen Fische bald nur noch an die Glaswand gedrückt an ihm vorbeischwimmen konnten. Die Welse und Feuerschwänze versteckten sich hinter Steinen, während der Barsch an der dicken Aquariumswand klebte und am Glas lutschte. Zwischendurch schikanierte er andere Fische, wo immer er sie traf. Er schubste die Welse, lutschte den Schnecken an den Hörnern und zupfte dem Feuerschwanz das Feuer aus dem Schwanz. Mein Freund Alexander hatte nicht umsonst viel Zeit in die Zusammenstellung seines Aquariums investiert. Er hatte darin nur solche Exemplare versammelt, die sich nicht leicht aus der Fassung bringen ließen. Den Schnecken waren ihre Hörner keine Auseinandersetzung mit einem Barsch wert, außerdem wuchsen sie schnell nach. Die geschubsten Welse bewegten sich gerade einmal zwei Zentimeter zur Seite und legten sich wieder hin. Nur der Feuerschwanz schwor Rache und mied den Barsch so gut es ging. Im Großen und Ganzen ließen sich die Aquariumbewohner also nicht provozieren. Auch der Barsch beruhigte sich und nahm wieder etwas ab, als er merkte, dass keine unmittelbare Gefahr in dieser neuen Gesellschaft für ihn bestand und er sich nicht sofort wieder anstrengen musste, um in ein Eichhörnchen zu evolutionieren.

Nach ein paar Wochen kaufte mein Freund Alexander ein Barsch-Weibchen dazu. Das Weibchen trug ihren Rogen mit großer Vorsicht im Maul und hatte große Angst, ein Körnchen davon zu verlieren. Es machte deswegen bald sein Maul gar nicht mehr auf. Das Barsch-Männchen verspürte jedoch den Drang, diesen Rogen zu sehen. Auf einmal bekam er kleine bunte Pünktchen am Schwanz, die genau wie Kaviarkügelchen aussahen. Er wedelte angestrengt mit seinem Hinterteil dem Weibchen vor der Nase herum. Das Weibchen dachte, in Panik doch ein paar Kügelchen verloren zu haben, machte das Maul auf und versuchte das verloren gegangene wieder heimzuholen. Auf diese Weise befruchtete der hinterhältige Barsch seine Partnerin.

Selbst bei dieser oberflächlichen Betrachtung wird einem schnell klar, dass das Leben der Barsche viel komplizierter als das der Menschen ist. So viel Intelligenz, Eiertanz und Anpassungsvermögen, so viel Offenheit der sich ständig ändernden Welt gegenüber würden Menschen nie aufbringen. Deswegen ist bei uns das sogenannte »Multikulti« gescheitert, wie die Bundeskanzlerin es nannte, und im Aquarium nicht.

Ich habe mir erst einmal einen Angelschein für eine Woche besorgt. Ich hörte die Fische schon lachen. Sollten wir im Zuge der Evolution jemals im gleichen Aquarium landen, mögen die Barsche doch bitte Nachsicht mit mir haben. Ich habe in der ersten Woche keinen Fisch gefangen. Na und? Ich ließ nicht locker und kaufte bei Hartmut einen weiteren Angelschein, diesmal für ein halbes Jahr. Seit Beginn des Jahres besaßen wir das Häuschen am Glücklitzer See nun schon. Und seit der ersten Woche war ich regelmäßig am Glücklitzer See angeln gegangen und mit leeren Händen zurückgekommen. Als Angler fühlte ich mich hier nicht richtig in die Natur integriert, sogar von ihr ausgetrickst. Ich war ein Fremdkörper. Die einfachste Erklärung meiner Anglermisere wäre es zu behaupten, im Glücklitzer See gäbe es überhaupt keine Fische. Deswegen sah man hier auch kaum Angler. Doch das wäre eine schwache

Ausrede. In Wirklichkeit gibt es hier jede Menge Fische. Zumindest einen habe ich schon gesehen, sogar angefasst. Angler gibt es in der Tat kaum, aber das hat bloß damit zu tun, dass nur noch sehr wenige Leute in der Umgebung wohnen. Offiziell sind hier, wie gesagt, dreihundert Einwohner gemeldet, gefühlt sind es drei. Und jeder zweite von ihnen geht angeln. Ich kann nicht sagen, ob dieser zweite deutlich mehr Erfolg hat als ich. Entweder finden die Fische im Glücklitzer See genug zu fressen, oder sie sind wie die Bewohner des zum See gehörenden Dorfes auf Langlebigkeit programmiert und verzichten deshalb auf jegliche Zusatznahrung.

Wovon die Einwohner sich ernähren, ist allerdings völlig unklar. Es gibt keinen einzigen Laden im Dorf, und einen großen Garten hat hier ebenfalls keiner. Dabei sind die meisten Leute hier unheimlich alt. Es scheint tatsächlich wahr zu sein, dass die Menschen auf dem Lande länger leben als in der Stadt. Man braucht dazu keine Statistik, das kann jeder von den Grabsteinen des hiesigen Friedhofs ablesen. Alle dort liegenden Leute sind entweder Ende des neunzehnten oder Anfang des vorigen Jahrhunderts geboren. Die später Geborenen sind noch nicht gestorben und haben das anscheinend auch nicht vor.

Der für Angelscheine zuständige Hartmut, der mit seiner sehr alten Mutter um die Ecke wohnt, ist übrigens selbst als Angler erfolgreich. Ständig sehe ich ihn einen Fisch aus dem Wasser des Glücklitzer Sees ziehen. Manchmal denke ich, Hartmut zieht immer denselben Fisch aus dem Wasser, und zwar den, der mir einmal durch die Lappen gegangen ist. Der Fisch und Hartmut haben eine Abmachung getroffen: Immer wenn ich in der Nähe auftauche, wirft sich der Fisch Hartmut an den Haken, um mich zu ärgern und zu einem erneuten Kauf des Angelscheines zu bewegen. Später lässt der Nachbar den Fisch wieder frei.

Die Idee für diese Folter hatte bestimmt der Fisch, das würde ich ihm gönnen. Die Intelligenz der Fische wird allgemein unterschätzt. Eigentlich ist es kein Wunder, dass ich bis jetzt als Angler im Glücklitzer See kein Glück hatte. Manchmal frage ich mich schon, warum es sich die Fische anderswo gefallen lassen, gefangen zu werden. Ich habe etliche wissenschaftliche Bücher über diese Wasserbewohner gelesen und kann nun bezeugen, dass von allen Lebewesen der Welt Fische die schlauesten sind. Sie haben ein Gehirn, das imstande ist, immer weiter zu lernen. Sie sind erstaunlich beweglich, gut organisiert, sie kommunizieren miteinander – besser als Ameisen – und können im Schwarm in Sekundenschnelle gemeinsam den Rückwärtsgang einlegen. Außerdem sind Fische anpassungsfähig und ändern je nach Wetterbedingungen und nach Gefühl ihr Verhalten. Sie sind übervorsichtig, höchst empfindlich und misstrauisch. Sie reagieren auf die kleinsten Veränderungen der Außentemperatur. Sie können die Augen um 180 Grad drehen und sogar in verschmutztem Wasser und dunkler Tiefe mehrere Meter weit in jede Richtung sehen. Fische hören, riechen und haben noch den geheimnisvollen sechsten Sinn, die sogenannte Intuition, die sie spüren lässt, was in der nächsten Zeit passieren könnte.

Eigentlich sind Fische die Superwesen der Evolution, die viel weiter entwickelt sind als wir Menschen. Warum es bloß immer wieder dazu kommt, dass diese Superwesen einem dummen Angler an den Haken gehen, einem kleinen Männchen mit komischem Schnurrbart, der noch immer bei seiner Mutter wohnt und nichts Besseres zu tun hat, als Plastikwürmer in unnatürlichen Farben ins Wasser des Glücklitzer Sees zu hängen – unbegreiflich.

Ich hätte sehr gerne mit den Fischen darüber gesprochen, um ihnen das ganze Elend dieses Verhaltens vor ihre sich um 180 Grad drehenden Augen zu führen. Aber einem ungeschriebenen Gesetz zufolge reden die Fische mit niemandem darüber. Sie reden überhaupt nicht, werfen sich an den Haken, schlucken den Plastikwurm und lassen sich sonst nie vom Menschen quälen. Erst vor Kurzem habe ich gesehen, wie Hartmuts Mutter am Ufer stand und laut »Hartmut!« rief. Sofort hatte ihr Sohn einen Fisch am Haken. Wahrscheinlich hat der Fisch auch einen Namen, überlegte ich. Wahrscheinlich heißt er auch Hartmut. Ich bin endlich dem Geheimnis des Angelns im Glücklitzer See auf die Schliche gekommen. Jeder hier muss seinen eigenen Fisch, seinen eigenen Hartmut haben, den er aus dem Wasser zieht und später wieder hineinwirft.

Deswegen sitzen die seltenen Angler so entspannt am Ufer des Glücklitzer Sees. Sie wissen ganz genau, was kommt. Sonst haben die Menschen eigentlich immer Angst vor der Zukunft, oder sie sind neugierig, sie rätseln. Wird der Meteorit im Jahre 2036 die Erde treffen? Wird das Ende des Maya-Kalenders auch das Ende der Welt bedeuten? Wird in Afghanistan jemals Friede herrschen? Wir merken nicht, dass diese sogenannte Zukunft aus nichts anderem als aus unserer Vergangenheit produziert wird, dass wir alle in einer riesigen Fabrik namens Gegenwart Tag und Nacht damit beschäftigt sind, aus bereits Geschehenem eine Zukunftsperspektive für uns zusammenzuschustern. Der Friede in Afghanistan, der Maya-Kalender, der Meteorit, alle Meteoriten, die unsere Erde treffen sollen, sie fliegen nicht aus dem Weltall, sondern aus unserer Vergangenheit auf uns zu, sie durchbrechen nicht die dicken Schichten der Atmosphäre, sondern die dünnen Schichten der Zeit. Die Vergangenheit ist der Haken, an dem wir alle hängen. Man muss ihm mit Härte und Mut begegnen. Mit Hartmut eben.

Chronik des Dorfes

Der geplante reibungslose Übergang von der DJ- zur Gartenarbeit wollte nicht so richtig klappen. Kaum hatten wir uns im neuen Garten eingelebt, gewann plötzlich unsere Disko weltweit an Bedeutung. Das Interesse an der deutschen Kultur wuchs nicht zuletzt der Russendisko wegen. Es folgten Einladungen aus dem Ausland, auch Universitäten auf der ganzen Welt hießen uns als begehrenswertes deutsches Kulturexportgut willkommen.

Zunächst aber flogen wir zur Buchmesse nach Mexiko, der ersten lateinamerikanischen Buchmesse mit Deutschland als Schwerpunkt, für die sich die Mexikaner aus der ganzen Vielfalt der deutschen Kultur die Russendisko gewünscht hatten. Tausende tanzten draußen an der frischen Luft, manche zogen sich vor lauter Begeisterung über die deutsche Kultur gar aus, leider hauptsächlich Männer.

Danach ging es nach Amerika und zwar nicht in das

europäisch getarnte, fernsehtaugliche Amerika an der Küste, wo sich die Menschen gerne freundlich und weltgewandt zeigen, ein verständliches Englisch sprechen und Obama wählen, sondern ins Herz dieses Landes, wo ganz andere Sitten herrschen. Mit dem Auto fuhren wir von Atlanta nach Nashville, Knoxville und Cookeville, überall dorthin, wo der alte Siedlergeist noch lebte, wo übergewichtige Menschen ohne Zähne, aber mit Gewehr sich gegen eine Krankenversicherung wehrten, obwohl die meisten eindeutig medizinische Betreuung dringend nötig gehabt hätten. Stattdessen wählten sie lieber die Republikaner.

Die Einladung kam von mehreren Privatuniversitäten, an denen die Kinder dieser Menschen Germanistik studierten. Am Ende jedes Jahres luden diese amerikanische Germanisten jemanden aus Deutschland ein, der ihrer Meinung nach das moderne deutsche Kulturelement in sich trug. Wir hatten eine Russendisko in der Turnhalle in Cookeville veranstaltet, einem auf der Karte schwer auffindbaren Ort, der vom Highway aus wie eine Tankstellenausfahrt aussah. In Wirklichkeit versteckte sich hinter der Tankstelle eine schicke Privatuniversität. Es herrschte Alkoholverbot in dieser Gegend. Man brauchte, wenn ich es richtig verstanden hatte, eine Bescheinigung vom Arzt, um eine Flasche Bier zu kaufen. Anfangs hatte ich große Zweifel, ob eine Russendisko mit Cola als Begleitgetränk überhaupt funktionieren konnte. Es war meine erste Erfahrung dieser Art. Die Party erinnerte eher an einen Kindergeburtstag, aber die Studenten freuten sich wie verrückt, und überall rollten Cola-Flaschen auf dem Boden. Die Lehrer hatten wahrscheinlich noch zu Hause vor ihrem Diskobesuch ein paar Gläschen gekippt. Sie strahlten große Freude aus.

Mit unseren Auftritten im Ausland verdienten wir Geld, um es in unseren nordbrandenburgischen Garten zu investieren. Wir wollten einen Wintergarten bauen und eine kleine Orangerie. Doch auch hier entwickelte sich unsere Tanzveranstaltung nach dem ersten Mal im »Haus des Gastes« zur Nummer eins unter den Dorfdiskos. Menschen aus den Dörfern in der Nachbarschaft, die gleichen Menschen, die kurz zuvor noch bei unserem Nachbar Mathias angerufen hatten, um ihn zu fragen, ob man Russisch können müsse, um an dieser Veranstaltung teilzunehmen, dieselben Menschen kamen nun zu mir in den Garten und sagten, sie wollten in ihrem Dorf auch eine Russendisko haben.

Manche von ihnen brachten als Zeichen des Friedens ihre Ausweise von der Gesellschaft für Deutsch-Sowjetische Freundschaft mit, die sie noch aus der DDR-Zeit hatten. Jahrzehntelang hatten sie ihre Beiträge in die Freundschaftskasse gezahlt und nur Stempel dafür bekommen. Nun zeigten sie mir die gestempelten Seiten ihrer DSF-Ausweise und sagten: »Herr Kaminer, wir haben bezahlt! Wo ist nun die Freundschaft?« Ich kam mir vor wie ein Zirkusakrobat, der vom Trapez gefallen ist. Plötzlich wollte das Publikum sein Geld zurückhaben. Ich konnte die Freundschaft suchenden Menschen ja nicht einfach an die russische Botschaft verweisen. Irgendwie fühlte ich mich auch tatsächlich zuständig. So wurde die Russendisko zu einer tanzenden Fortsetzung der DSF. Und warum eigentlich nicht? Auf einmal hatten wir in drei nahegelegenen Dörfern Diskotermine.

Den Brandenburgern macht es große Freude auszugehen. Sie ziehen sich sehr lustig an, wenn sie Ausgang haben. Zuerst schmunzelte ich darüber, doch ich begriff schnell, dass die ländliche Mode ganz anders als die großstädtische entsteht. In einer Großstadt passen sich die Menschen der Umgebung an. Sie schauen zuerst aus dem Fenster, bevor sie aus dem Haus gehen. Um nicht aufzufallen, ziehen sie am liebsten Sachen an, die sich in Form und Farbe nicht sonderlich von dem unterscheiden, was die anderen tragen. Auf diese Weise entziehen sie sich jeglicher Verantwortung für ihr Erscheinungsbild. Man nennt das soziale Mimikry, glaube ich.

Auf dem Land hat es aber wenig Sinn, der Mode wegen aus dem Fenster zu schauen. Erstens läuft nicht jeden Tag jemand an deinem Haus vorbei. Zweitens haben die Menschen hier nicht nassen Asphalt mit Hundekot dekoriert vor ihren Fenstern, sondern die vielfältige Schönheit der Natur, ein Spiel von Farben, Formen und Gerüchen. Dementsprechend bunt ziehen sie sich an. Manchmal übertreiben sie dabei etwas und gehen wie geschmückte Weihnachtsbäume zum Tanz. Für die Disko ist das nur gut, weil die Tanzfläche dann von allein glänzt und man nicht so viel mit dem Licht zu spielen braucht.

Durch diese Tanzabende kamen die Brandenburger und wir einander näher und lernten uns etwas besser kennen. Als Dank für die Veranstaltung in Glücklitz bekam ich nun das letzte selbst verlegte Exemplar der eigentlich vergriffenen ersten Auflage von *Glücklitz: Die Chronik eines Dorfes,* dem Buch, von dem Mathias mir erzählt hatte. Den ganzen nächsten Tag blätterte ich darin und staunte, wie viel an diesem Ort los gewesen war. Sie gewährte mir einen tiefen Einblick in die Vergangenheit unseres Gartens. Bisher waren nämlich all meine Versuche, die Geschichte von Glücklitz zu erforschen, gescheitert. Die freiwilligen Feuerwehrmänner hatten einen auf toten Käfer gemacht und so getan, als wüssten sie gar nicht, was früher war. Die Gräber auf dem Friedhof behielten ihre Geschichten ebenfalls für sich. Und die wenigen Hinzugezogenen, Datschabesitzer wie wir, interessieren sich einfach gar nicht dafür.

Mit dem gesammelten Eintrittsgeld der Russendisko bekam die von drei einheimischen Enthusiasten veröffentlichte Chronik nun sogar wie versprochen eine zweite, um neues Material ergänzte Auflage. Vieles aus der Gegenwart wurde mir erst durch das Studium dieser Geschichte begreiflich: Die ungebremste Lust, zu russischer Musik zu tanzen, könnte möglicherweise genetisch begründet sein. Bereits 2000 Jahre vor Christus waren hier germanische und slawische Stämme zusammengekommen und hatten vielleicht schon damals gemeinsam getanzt. Sicher hatten diese Stämme auch miteinander gekämpft und aufeinander geschimpft, doch das eine schloss das andere nicht aus. Auf jeden Fall hatte es hier vor langer Zeit schon Slawen gegeben, sie tauchten hier eigentlich viel früher auf als in Russland.

Die drei versteinerten Skelette aus der Bronzezeit, die laut Dorfchronik älteste Ausgrabung in Glücklitz, hätte ich fast für Ur-DJs gehalten. Aber in Wirklichkeit waren es wahrscheinlich Angler gewesen. Nicht auszudenken, wie lange sie am Ufer des Glücklitzer Sees gesessen hatten, der damals sicher größer, tiefer und voll von gefährlichen Reptilien gewesen war. Sie hatten das Beste gegeben, dessen ein Mensch fähig war: Glaube, Liebe und Hoffnung. Den Glauben an den richtigen Köder, die Liebe zum Fisch und die Hoffnung, dass bald einer anbiss. In Erwartung eines Riesenzanders saßen sie am Seeufer, bis sie eines Tages versteinerten.

Laut Chronik hatten immer jeweils drei Zeitgenossen in jedem Jahrhundert ihre Spuren hinterlassen. Das brachte mich ins Grübeln, denn ich hatte bisher auch nur drei Einheimische richtig kennengelernt. In jedem der vorübergegangenen Jahrhunderte war die Glücklitzer Geschichte stets zu dritt gelenkt worden. Während der Reformationszeit verlief die Abkürzung des Jakobsweges, des berühmten Pilgerpfades, direkt durch das Dorf. Es war aber eher eine Sackgasse: Wer diese Abkürzung nahm, kam nie in Santiago de Compostela an, sondern kreiste für alle Zeiten im brandenburgischen Wald. Drei Pilger, die vom richtigen Jakobsweg abgekommen waren, hatten – wahrscheinlich aus Verzweiflung – die Glücklitzer Kirche gebaut, die sehr hoch und schmal in den Himmel ragte. Auch hier hatten die Pilger nach einer Abkürzung gesucht und offenbar versucht, die göttliche Aufmerksamkeit mit einer scharfen Turmspitze zu erzwingen.

1690 waren drei Schweizer Familien hierhergekommen. Die Schweiz hatte damals noch kein Bankgeheimnis, keine direkte Demokratie und galt als eines der ärmsten Länder Europas. Doch ihren freiheitsliebenden und unabhängigen Geist besaßen die Schweizer schon damals. So wird beispielsweise in der Chronik eine alte Anordnung zitiert, die die brandenburgischen Schweizer des »boshaften Verhaltens und Ungehorsams dem Kurfürst gegenüber« bezichtigte. Beim Verlesen kurfürstlicher Verordnungen wollten die Schweizer ihre

Köpfe nicht senken und verweigerten auch sonst jedes Zeichen der Unterwerfung vor der fürstlichen Macht. Diese Schweizer konnten logischerweise kein Hochdeutsch, waren christlich-reformierten Glaubens und führten ein sittenstrenges Leben. Nach außen waren sie nicht besonders aufgeschlossen, nach innen aber solidarisch. Wenn ein uneheliches Kind zur Welt kam, übernahm die ganze Kirchengemeinde die Patenschaft, vorausgesetzt der Vater war ein Lutheraner.

Um 1806 kam Napoleon ins Dorf, nachdem er die Preußen bei Jena und Auerstedt geschlagen hatte. Laut Chronik gefiel es Napoleon in Glücklitz so gut, dass er partout keine Lust mehr auf weitere Schlachten hatte und sogar überlegte, hier seine Sommerresidenz zu errichten. Doch den Glücklitzern gelang es, Napoleon von der Notwendigkeit eines Russlandfeldzuges zu überzeugen. Dabei wussten sie genau, dass die Russen geborene Partisanen und als solche nicht zu besiegen waren. Damals glich Russland dem Afghanistan von heute – ein friedliches Land, das keinem wehtat, doch jeder hochmütige Weltgeist, den es dorthin verschlug, musste dies bitter bereuen. Die Glücklitzer wollten Napoleon mit seiner Sommerresidenz unbedingt loswerden. Er zog tatsächlich weiter nach Russland, suchte die große Schlacht mit der Armee des Zaren und bekam es stattdessen mit Bauern zu tun, die seinen tapferen Soldaten bei jeder passenden und unpassenden Gelegenheit eine Mistgabel in den Hintern stießen und dann schnell wegliefen. Ein altes russisches Sprichwort besagt, was einem Russen guttut, ist des Franzosen Tod. Russisches Essen, russisches Trinken und russischer Winter vernichteten die Armee Napoleons effektiver, als alle Geschütze es hätten tun können. Den Sieg über Napoleon sprachen die Russen allein dem Mut des Zaren und der Tapferkeit ihrer Generäle zu. Die Bedeutung der sogenannten »Glücklitzer Entscheidung«, die langfristig das Schicksal des französischen Imperators besiegelte, wurde in Russland nicht wahrgenommen.

Der Erste Weltkrieg, der überall in Deutschland mit großer Begeisterung und Opferfreudigkeit begrüßt wurde, hat die Glücklitzer nicht besonders erfreut. Während sich im ganzen Land freiwillige Patrioten meldeten, zogen nur drei Glücklitzer in den Krieg. Und das nicht freiwillig, sondern wegen der angedrohten Zwangsmobilisierung. An der Front gaben sie sich bescheiden, sprangen nicht ohne Not aus dem Graben und kamen alle frühzeitig zurück. Mit ihnen kamen neue Leute ins Dorf: polnische Arbeitslose, russische Deserteure und Familien aus Schlesien, die Hunger litten. Aus der Dorfgemeinschaft wurde eine Multikulti-Gesellschaft.

Der böse Wahn des Nationalsozialismus, der dann kam, machte auch keinen Umweg um Glücklitz. So hatte das Dorf bald seine eigenen Nazis – es waren selbstverständlich drei –, aber nur einen Kommunisten, der sich gegen das Trio stemmte: den Gastwirt der hiesigen Kneipe. Warum bei den Kommunisten die magische Zahl drei nicht griff, darauf bleibt die Geschichte des Dorfes die Antwort schuldig. Der Gastwirt, so steht es in der Chronik, war im Untergrund aktiv. Er versteckte von Hitler verfolgte »entartete Kunst« bei sich im Keller, genau genommen nur ein Bild: den »Goldfisch« von Paul Klee. Was hatte Hitler gegen diesen Goldfisch? Aus heutiger Sicht ist das schwer nachzuvollziehen. Auch warum der Künstler den Goldfisch überhaupt gemalt hat, ist unklar. Vielleicht war Paul Klee irgendwann einmal in Brandenburg angeln gegangen und hatte plötzlich einen Fisch am Haken, der zum Essen zu niedlich und für Katzen zu klein war. Kaum wollte er ihn wieder in den See werfen, sagte der Fisch mit tiefer Stimme: »Wenn du mich malst, hast du drei Wünsche frei.« Ob sie erfüllt wurden und ob sich Paul Klee überhaupt etwas gewünscht hat, ist nicht überliefert. Der gemalte Goldfisch hat im Keller der Gaststätte den Krieg überlebt. Heute hängt er in Hamburg in einem Museum.

Der Zweite Weltkrieg zerstörte das ganze Land, Glücklitz überlebte jedoch. Es hatte hier zum Glück keine Waffenfabriken und keine Armeeeinheiten gegeben, daher war das Dorf nicht zerbombt worden. Aber auf dem Weg, von dem früher die Pilger abgekommen waren, fand nun der Todesmarsch aus dem KZ Sachsenhausen statt. Tausende Gefangene marschierten an Glücklitz vorbei, die meisten in den Tod. Dann kamen die Russen. Sie nahmen den Nazi-Bürgermeister mit und erschossen einen jungen Soldaten, der nicht gewusst hatte, dass der Krieg vorbei war, und ihnen in voller Montur aus dem Wald entgegengesprungen war.

Nach dem Krieg wurde Glücklitz sozialistisch, und man gründete die LPG »Drei Freie Bauern«. Die Jahre in der sozialistischen DDR waren laut dieser Chronik für die Glücklitzer die glücklichsten Jahre ihrer Geschichte. Mehrmals gewannen sie im landesweiten Wettbewerb »Schöner unsere Städte und Gemeinden« erste Preise für ihre gepflegten Vorgärten und Grundstücke. Am 28.11. 1959 wurde der Anglerverein »Der rote Zander« gegründet, und fortan verbrachten viele Glücklitzer gemeinsame Angelstunden am See. Sie versuchten auch an derselben Stelle ihr Glück, an der die drei versteinerten Skelette etwa 10 000 Jahre zuvor auf ihren Zander gewartet hatten. Und genau wie ihre Kollegen damals haben auch sie keinen einzigen gefangen.

Die sozialistische Landwirtschaft war bei Weitem nicht so effektiv oder, wie man heute sagen würde, »wettbewerbsfähig« wie die Landwirtschaft drüben im Westen. Dafür gab es aber auch weniger Verführungen. Man wusste genau, was ging und was nicht. Es war für die Glücklitzer einfacher, im Sozialismus glücklich zu werden. Alle hatten zu tun, aber keiner zu viel.

Dann kippte der Sozialismus, und sofort geriet das ganze Leben durcheinander. Der letzte Sekretär der DDR, Erich Honecker, suchte in der Glücklitzer Kirche Asyl. Die Kirche war aber wie fast immer geschlossen, und an der Tür hing ein Zettel: »Schlüssel bei Mathias«. Der Zettel hing seit ewigen Zeiten, für den Fall, dass Gott vorbeikam, nicht aber der Generalsekretär. Honecker versuchte sein Glück im »Haus des Gastes«, das machte aber nur freitags um 20.00 Uhr auf. Es war jedoch ein Donnerstag. Honecker wollte nicht warten und zog weiter ins nächste Dorf, wo es eine größere Kirche gab. Dort fand er Asyl, aber nicht für lange. Nach ein paar Wochen bat der dortige Pfarrer, wahrscheinlich auf direkte Anweisung von Gott, Honecker, die Kirche zu verlassen. Angeblich konnte er nicht länger für dessen Sicherheit garantieren. Es kamen nämlich ständig Menschen vorbei, die einen Hass auf Honecker hatten. Der Generalsekretär verließ daher schließlich auch dieses Asyl. Danach fand er nirgends mehr Unterschlupf und starb wenig später in Chile. Voreiligkeit lohnt sich selten im Leben. Hätte er damals vor dem »Haus des Gastes« bis Freitag um 20.00 Uhr gewartet, wären seine letzten Jahre möglicherweise glücklicher gewesen.

Die neuen kapitalistischen Sitten machten den Glücklitzern schwer zu schaffen. Alte Immobilienverhältnisse mussten neu geordnet werden, aber niemand wusste mehr, was wem gehörte und warum. Die alte Ziegelei gegenüber von meinem Haus auf der anderen Seite des Flusses, die unter Hitler jüdischen Besitzern weggenommen worden war, sollte nun rückübertragen werden. Mein Nachbar Heiner, damals ein erfolgreicher junger Anwalt, wurde von der Treuhand mit dieser Angelegenheit beauftragt. Er suchte und fand die Nachkommen der ehemaligen Besitzer und beglückwünschte sie persönlich in Lateinamerika. Für die Brasilianer kam die Nachricht, dass sie glückliche Besitzer der alten Ziegelei in Brandenburg waren, überraschend. Sie freuten sich natürlich, wussten aber überhaupt nichts damit anzufangen. »Wie ist die Nachfrage nach Ziegelsteinen in Deutschland?«, wollten sie von Heiner wissen. In Brasilien sei sie gleich null. Heiner beruhigte die Erben, sie sollten sich über den deutschen Ziegelmarkt keine Gedanken machen, denn er kenne jemanden, der diese Ziegelei liebend gern kaufen würde und das zu einem fairen Preis. Die Brasilianer begrüßten diese unkomplizierte Lösung. Auf einen Schlag hatten sie ein gutes Geschäft gemacht und waren die Ziegelei los.

Dieser Jemand, der die Ziegelei kaufen wollte, war Heiner selbst. Obwohl als Anwalt erfolgreich, hatte er die Seele eines Gärtners. Ihn hatte es schon seit Langem in die Natur gezogen, wo er mit eigenen Händen Schönes mit Nützlichem verbinden wollte: einen Garten anlegen, die untergegangene Ziegelei historisch genau wiederaufbauen, Blumen gießen und Bäume pflanzen. Heiner nahm einen Kredit auf und erwarb die Ziegelei. Die alten Besitzer hatten ihre Steine auf dem Wasserweg durch den Glücklitzer See in die weite Welt hinaus transportiert, wobei viele Steine in den See gefallen waren. Jahrelang fischte Heiner nun diese alten Ziegelsteine aus dem Wasser, lagerte und nummerierte sie, bis er eine richtige Ausstellung am Ufer zusammenhatte: »Die Entwicklung des Ziegelsteins im vorigen Jahrhundert«. Eine Ausstellung, die leider nur selten besucht wird.

Durch das Studium der Chronik wurde mir vieles klar. Vor allem, woher die Brandenburger im Allgemeinen und die Glücklitzer im Besonderen ihre speziellen Charaktereigenschaften haben: Sie haben sie ererbt – von Schweizern, Russen, Germanen und drei versteinerten Anglern aus der Bronzezeit. Von den Schweizern haben sie die Schweigsamkeit, den Freiheitsgedanken und den Ungehorsam gelernt. Von den Russen übernahmen sie das Temperament, den schrägen Humor und die Trinkfestigkeit, von den Germanen die Beharrlichkeit und Sturheit und von den Anglern aus der Bronzezeit den Blick. Diesen stets etwas verwunderten, hoffnungsvollen Blick, als würde gleich etwas Unvorhergesehenes passieren – ein großer Zander anbeißen oder noch besser: ein Goldfisch, der ihnen ihre drei wichtigsten Wünsche erfüllt.

Außerdem bestätigte die Lektüre der Chronik meine

alte Überzeugung, dass an jedem Ort unserer Erde, egal wie klein und unbedeutend er scheint, die ganze Menschheitsgeschichte zu finden ist. All diese Orte sind einzigartig, alle Menschen einmalig, nichts wiederholt sich, und doch ist alles und jeder Teil einer gemeinsamen Geschichte. Wie in einem kaputtgegangenen Spiegel spiegelt sich in jedem Splitter, in jedem Körnchen Glas die ganze Welt wider. Alles ist wichtig. Nichts und niemand wird außer Acht gelassen.

Der geheime Handschuh

Ende April erwachte endgültig das Leben im Glücklitzer See. Die Plötzen sprangen aus dem Wasser, und
Schwärme von kleinen Fischen tauchten am Ufer auf,
auf der Suche nach wärmeren Plätzchen. Ich bereitete
mich auf den großen Fischfang vor. Dazu musste ich
das Boot zum Wasser hinunterschaffen und suchte nach
jemandem, der mit anpacken würde. Allein konnte ich
das Boot nicht einmal schieben.

Mein Nachbar Herr Köpke betrachtete meine An-
strengungen mit gleichgültiger Miene von der Terrasse
seines Hauses aus. Er selbst hatte längst seinen inneren
Frieden mit der Welt gemacht. Er hatte keine Lust, zu
angeln oder Pilze zu sammeln oder Auto zu fahren. Er
hatte überhaupt keine Lust. Das Haus mit Garten und
Schaukelstuhl, die Servietten stickende Frau Köpke auf
der Veranda, die Kartoffelbeete, die Hühner, die kleine
Garage – mit einem Wort alles, was er gebrauchen
konnte, besaß er bereits. Darüber hinaus hatte er keine

Bedürfnisse, die Welt konnte ihm nichts mehr bieten. Er hatte auch noch eine Tochter und einen Schwiegersohn, die in der anderen Hälfte des Hauses mit eigenem Eingang und eigener Garage wohnten.

Herr Köpke war schon lange Rentner. Im Grunde war er mit seiner Heimat DDR in Rente gegangen, davor hatte er sein Geld in der Forstwirtschaft verdient. Nun verließ er sein Haus nur noch zum Einkaufen. Dazu fuhr er höchstpersönlich einmal die Woche in die nächstgelegene Stadt. Natürlich wäre seine Frau auch allein mit dieser Herausforderung klargekommen. Nach einem ungeschriebenen Gesetz des Dorfes muss aber der Mann an der Kasse den Geldbeutel zücken, damit die Nachbarn sehen können, wer in der Familie das Sagen hat. Nur deswegen fuhr er zum Einkaufen mit. Herr Köpke war also der Letzte, der mir helfen würde, das Boot runter zum See zu tragen, so dachte ich.

Plötzlich stand mein Nachbar jedoch auf und kam schnellen Schrittes auf mich zu.

»Sagen Sie«, fragte er interessiert, »fahren Sie eigentlich oft nach Russland?« Dabei hoben wir zusammen das Boot hoch und trugen es den Berg hinunter. »Habe ich Ihnen schon erzählt, dass ich einmal in Ihrer Heimat gearbeitet habe?«

In einer solch romantischen Stimmung hatte ich Herrn Köpke noch nie erlebt. Vergnügt erzählte er mir, wie er damals zu DDR-Zeiten als Mitglied einer internationalen Arbeiterbrigade in die Sowjetunion geschickt worden war, um dort im tiefsten Sibirien das große sowjetische Volk beim Bau der längsten Eisenbahn der Welt durch die Taiga zu unterstützen. Die Brigade trug ihren Namen zu Recht: Rumänen, Vietnamesen und sogar ein paar Eritreer waren dabei. Der Spaß an der Arbeit im Schnee ist Herrn Köpke besonders lebhaft in Erinnerung geblieben.

»Es war eine großartige, enthusiastische Stimmung«, erzählte er. »Die Russen und wir haben den ganzen Tag gearbeitet, gingen danach aber nicht schlafen. Aus heutiger Sicht undenkbar, doch damals hatten wir sogar nach diesen langen Arbeitstagen noch Kraft zum Feiern. Wir haben am Lagerfeuer gesessen, gesungen und getanzt. Oft hat es Konzerte gegeben, Dean Reed kam und Alla Pugatschowa … Lalala-lala!«

Ich schaute auf den singenden Herrn Köpke und erkannte den Mann nicht wieder. Sein Gesicht, ja die ganze Erscheinung hatte sich völlig verändert, während er in seinen Erinnerungen versank. Hoffentlich lässt er das Boot nicht fallen, dachte ich und hörte höflich zu. Obwohl die längste Eisenbahnstrecke der Welt meines Wissens hauptsächlich von Häftlingen und Soldaten gebaut worden war, wollte ich Herrn Köpke nicht widersprechen. Der Bau musste unter unmenschlichen Bedingungen stattgefunden haben, hatte ich mehrmals aus verschiedenen Quellen erfahren, sodass viele damals ihre Gesundheit ruinierten. Aber vielleicht hatten die Russen ein Stück der Eisenbahntrasse extra menschenwürdig gestaltet und den internationalen Brigaden zum Austoben zur Verfügung gestellt. Dort brannte jeden Abend das Lagerfeuer, und Herr Köpke tanzte mit rumänischen und vietnamesischen Kollegen Kasatschok um die Flammen herum, bis seine Filzstiefel zu schmelzen anfingen. Vielleicht war es so. Mir kam das nun zugute, wie ich dankbar feststellte, also wollte ich seinen Erinnerungen nicht widersprechen.

»Diese Nächte und das Gefühl der Zusammengehörigkeit werde ich nie vergessen«, nickte Herr Köpke. »Fahren Sie heute denn noch oft nach Russland?«, fragte er mich erneut.

»Nicht sehr oft«, erzählte ich. »Aber einmal im Jahr fliegen wir in den Kaukasus, um Verwandte dort zu besuchen.«

»Können wir für eine Sekunde stehen bleiben? Ich hätte eine Bitte an Sie. Wissen Sie, damals bei der Eisenbahn, als wir mit dem Auftrag fertig waren, haben uns unsere sowjetischen Freunde tolle Geschenke gemacht. Und zwar durften wir unsere Arbeitshandschuhe mitnehmen als Andenken an die gemeinsame Arbeit. Genau genommen waren es Fäustlinge mit zwei Fingern. Sie waren so gut! Ob früher oder später, in keinem Baumarkt, in keinem Geschäft für Arbeitskleidung habe ich je wieder so gute Arbeitshandschuhe gesehen, nicht einmal in der sozialistischen DDR, vom Kapitalismus ganz zu schweigen. Das war sowjetische Qualität! Man konnte in diesen Handschuhen selbst bei minus fünfzig Grad noch draußen arbeiten. Ich habe sie Tag und Nacht getragen!«, schwärmte Herr Köpke. »Inzwischen sind sie ziemlich auseinandergefallen, immerhin habe ich sie schon vierzig Jahre. Die hiesigen Märkte geben, wie gesagt, nichts Vergleichbares her. Deswegen dachte ich, wenn es irgendwo auf dieser Welt noch solche guten Handschuhe geben könnte, dann sicher bei Ihnen in Russland. Wenn Sie mir ein Paar mitbringen könnten, wäre ich Ihnen sehr dankbar. Nehmen Sie am besten gleich drei Paar, nein, nehmen Sie vier!«, bat mich Herr Köpke.

So aufgeregt hatte ich ihn noch nie gesehen. Wir trugen das Boot die letzten zwei Meter und schoben es ins Wasser. Mit seinen Handschuhen hatte mich der Nachbar überrascht. Ich konnte mir, ehrlich gesagt, nichts darunter vorstellen. Was sollen das für zauberhafte Handschuhe gewesen sein, extra in meiner Heimat produziert zur Verteilung an die Mitglieder der internationalen Arbeiterbrigade beim Bau der längsten Eisenbahnstrecke der Welt? Aber die Planwirtschaft der Sowjetunion war verrückt genug, um womöglich auch so etwas zu produzieren.

»Würden Sie mir diese Handschuhe zeigen, damit ich im Kaukasus nichts Falsches kaufe?«, fragte ich den Nachbarn neugierig.

»Natürlich, bleiben Sie einen Moment da, ich hole sie!«, rief Herr Köpke und lief enthusiastisch den Berg wieder hoch.

Ich blieb im Boot sitzen und überlegte, was sich wohl damals beim Bau der Trasse wirklich abgespielt haben mochte. Bestimmt hatte sich Herr Köpke, damals ein junger Student, unsterblich in eine hübsche Russin verknallt. In der letzten Nacht vor seiner Abreise gingen sie in der Taiga spazieren, küssten sich, und die Frau gab ihm, dem mageren Deutschen, ihre Handschuhe als Andenken und damit er sich die Finger nicht abfror. Danach trennten sich ihre Wege. Doch nach Deutschland zurückgekehrt, wollte Herr Köpke die Handschuhe nie wieder ausziehen. Plötzlich merkte er, dass ihm alles wunderbar gelang und jeder Arbeitseinsatz ein Erfolg wurde, wenn er dabei die geschenkten russischen Arbeitshandschuhe trug. So hatte er die Liebe zu seiner verlorenen Heimat, zu seiner damaligen Freundin, zu seiner so schnell vorbeigerauschten Jugend in eine einzige Liebe sublimiert, die Liebe zu den sowjetischen Arbeitshandschuhen.

»Hier!«, rief Herr Köpke mir schon von Weitem zu, den Berg heruntereilend. »Hier!«

Er wedelte mit einem hässlichen alten Handschuh. Ich untersuchte das Teil – ein dicker, von innen verfilzter, von außen zur Hälfte mit Wildleder, zur Hälfte mit Zeltplane überzogener gelber Handschuh, völlig zerrissen und eigentlich unbrauchbar. Jeder Handschuh in jedem Geschäft in der Umgebung wäre besser gewesen. Also hatte ich doch recht, es war die Liebe.

»Ich habe alles verstanden«, versicherte ich Herrn Köpke. »Ihr Auftrag wird erfüllt. Sie bekommen fünf Paar davon, spätestens im August. Im Juli fahren wir in den Kaukasus und sind im August wieder da.«

»Das wäre fein!«, freute sich mein Nachbar und trug seinen Handschuh wie einen großen Schatz ins Haus zurück.

Ich holte die Angel heraus und versuchte mit hausgemachten Brotkügelchen und Mais einen Friedfisch zu fangen. Die Fische wussten aber irgendwie, dass ich es war, der einzige Angler im Dorf, der noch keinen einzigen Fisch gefangen hatte. Sie wollten mir meine anglerische Jungfräulichkeit bewahren und mieden meine Angel, egal was ich anstellte. Auch diese Fische hatten es zu gut, sie wollten anscheinend nichts mehr vom Leben. Sicher hatten auch sie ihren ganz persönlichen geheimen Handschuh, etwas, wofür sie sich an jeden Haken werfen würden. Doch sie verrieten ihn mir nicht.

Das Paradies der Maulwürfe

Das Landleben kann ab und zu richtig Spaß machen. Eine Zeit lang hatte ich sogar überlegt, Hühner anzuschaffen wie mein Nachbar Herr Köpke. Die Eier, die seine Hühner legen, sind das Einzige, was man in Glücklitz für Geld kaufen kann. Wenn wir Besuch in unserem Gartenhäuschen haben, ist es bei uns inzwischen zu einem Ritual geworden, am Morgen vor dem Frühstück bei Herrn Köpke anzuklopfen, um mit seinen Eiern ein großes Omelett für alle Gäste zuzubereiten.

Herr Köpke schätzt unsere Abnehmerqualitäten sehr, er versucht nach Möglichkeit, seine Eierproduktion vorauszuplanen und unseren Bedürfnissen anzupassen. Nach dem Zerfall der DDR sei einfach keine vernünftige Planwirtschaft mehr möglich, beschwerte er sich bei uns immer wieder:

»Früher war alles besser. Die Hühner waren disziplinierter, die Abnehmer sicherer. Das ABC des Kapitalismus, wonach sich Angebot und Nachfrage gegenseitig regeln sollen, interessiert die Hühner überhaupt nicht. Sie legen ihre Eier, wann es ihnen passt.«

Auch die anhaltende Wirtschaftskrise machte Herrn Köpke schwer zu schaffen. Durch die spekulativen Geschäfte der kapitalistischen Heuschrecken wurde das Hühnerfutter immer teurer. Herr Köpke musste infolgedessen die Preise für seine Eier von 2,– Euro auf 2,50 Euro pro Packung erhöhen. Durch diese harmlose Preissteigerung verlor er den Großteil seiner Kundschaft im Dorf. Die Glücklitzer sind sparsame Menschen, sie waren nicht bereit, 2,50 Euro für ihre Eier zu zahlen. Sie fuhren lieber ins Nachbardorf zum Netto-Supermarkt. »Zehn Kilometer sind für einen zähen Hund kein Umweg«, wie man in Russland zu sagen pflegt. Dort, im nächsten Dorf, kostet eine Packung Eier bloß 1,80 Euro. Die großen Ketten konnten sich solche Preise erlauben. Es gab in deutschen Supermärkten sogar einmal Eier für 0,99 Euro die Packung, ein chinesisches Erzeugnis, meinte Herr Köpke. Man munkelte allerdings, dass die Chinesen diese Eier aus Sojaabfallprodukten herstellen, ganz ohne Hühnereinsatz. Für billige Burger-Ketten lieferten die Chinesen zum Beispiel Eier in Form einer meterlangen Wurst, weil sie so leichter in Scheiben zu schneiden waren.

Ob echt oder künstlich erzeugt, es war klar, die Einzelgänger und Enthusiasten wurden vom Eiermarkt verdrängt. Immer öfter handelte Herr Köpke auf eigene

Faust, zeigte Initiative und kam morgens und abends zu uns, um zu fragen, ob wir eigentlich ein großes Freundschafts-Omelett planten. Ich fühlte mich für sein Wohl zuständig und nahm ihm seine Eier stets ab. Einmal, ich war gerade in bester Laune, bestellte ich gleich Eier für zehn Euro.

»Wie viel wollt ihr dafür haben, die ganzen vier Packungen?«, erkundigte sich der Nachbar besorgt.

»Ja, warum nicht?«, sagte ich.

Wir hatten gerade eine große Gesellschaft zu Tisch geladen, also dachte ich, wennschon, dennschon und bestellte großzügig. Herr Köpke rechnete schnell im Kopf.

»Ich habe nur drei, aber die vierte schaffen wir sicher über Nacht«, meinte er und lief zu sich ins Haus.

Die halbe Nacht konnte ich nicht einschlafen. Ich hörte den Hahn krähen, die Hühner und Herrn Köpke ächzen und bereute innerlich diese gewaltige Bestellung, die den Betrieb des Nachbarn deutlich überforderte und mir den Schlaf raubte. Aber die Mühe war nicht umsonst. Bereits um 8.00 Uhr früh stand Herr Köpke mit stolzem Lächeln vor meiner Haustür mit einer vierten Eierpackung. Geschafft! Hinter seinem Rücken hörte ich die Hühner laut ausatmen.

Doch die Wege der kapitalistischen Produktion sind unvorhersehbar. Kaum einen Monat später veränderte sich die Eiermarktsituation im Dorf erneut – und zwar gewaltig. Bereits Ende März hatte ich Herrn Köpke vergeblich gebeten, uns Eier zu verkaufen. Er schüttelte nur den Kopf und meinte, seine Hühner würden sich jetzt ihre ganze Kraft für die Ostertage sparen, weil sie dann immer mehr legen müssten als sonst. Die sparsamen, doch abergläubischen Glücklitzer, die Herrn Köpkes Eier für 2,50 Euro im Alltag stets ignoriert hatten, wollten zu Ostern keine Supermarkt-Eier im Haus haben. Wir blieben deswegen ohne Omelett. Die osternbedingten Engpässe in der Eierproduktion brachten mich auf den dummen Gedanken, mir eine eigene, osternunabhängige Hühnerschar anzuschaffen. Ob unsere Berliner Nachbarn einen Hahn auf dem Balkon akzeptieren würden? Oder würden sie uns für Tierquäler halten?

In meiner Straße im Prenzlauer Berg werden regelmäßig Plakate aufgehängt, die dazu aufrufen, für mehr Hühnerbeinfreiheit zu demonstrieren. Das scheint ein deutsches Dauerthema geworden zu sein. Die Laternen und Treppenhäuser der Stadt waren schon immer mit Aufrufen beklebt, nur die Inhalte änderten sich. Früher, als ich hierherzog, war alles mit Altkleidersammlung-Angeboten und Werbeplakaten für weite Reisen zugeklebt. Später, als eine mittelgroße Konzerthalle in unserer Nachbarschaft aufmachte, kamen Ankündigungsplakate für Konzerte nicht mehr junger, aber immer noch umtriebiger Rampensäue dazu. Alice Cooper kam, Marius Müller-Westernhagen und sogar Michail

Gorbatschow. Auf seinem Plakat hieß es, er würde sich von der Bühne aus an sein Leben als letzter Generalsekretär erinnern und dabei von einem Pianisten begleitet werden. Am Tag der Veranstaltung konnte ich keinen Parkplatz mehr vor dem Haus finden. Alles deutete auf regstes Publikumsinteresse hin. Gorbatschow ist in Deutschland wesentlich populärer als in seiner Heimat. Vielleicht war auch der Pianist nicht übel, es war mir allerdings nicht ganz klar, ob er Gorbatschow schon immer begleitet hatte oder erst später dazugekommen war.

In der letzten Zeit wird für die Konzerthalle weniger plakatiert, stattdessen hängen unzählige Einladungen zu Yoga-Kursen und Meditationen herum. Beinahe von jedem Baum lächelt uns ein Guru an. Auch Aufrufe zu politischen Veranstaltungen sind wieder in Mode gekommen: Demos gegen die Macht der Banken, gegen Kürzungen im sozialen Bereich, gegen Massentierhaltung. Den letzten Aufruf haben meine schwäbischen Nachbarn sogar bei uns im Treppenhaus auf das Anzeigenbrett geklebt. Darauf wurde dagegen protestiert, dass Hühner mit Antibiotika gefüttert und in engen Käfigen gehalten wurden. Die hühnerhaltenden Bauern sollten sich nicht von ihrer Profitgier, sondern von ihrer Tierliebe leiten lassen.

Das Mitleid, das die Berliner für Hühner empfinden, ist gut nachvollziehbar. Es ist schon schlimm genug, dass die meisten Hühner aufgegessen werden, aber vorher werden sie auch noch gefoltert. Wir müssen dafür sorgen, dass Hühner ihr sogenanntes Leben, also die kurze Überbrückungszeit zwischen Ei und Kochtopf, einigermaßen genießen können. Nur liebenswürdig gehaltene Hühner schmecken uns, so habe ich den Sinn dieses Protestes verstanden. Warum also für Hühner demonstrieren, statt sich welche anzuschaffen und sie frei auf dem Hof laufen zu lassen?, fragte ich mich.

Niemand bei uns im Haus hielt Hühner, dafür aber Zwergkaninchen, Meerschweinchen und Ratten. Sie wurden nicht verspeist, sondern sie lebten lange und gut. Siegfried und Brunhilde, die zwei kleinen niedlichen Ratten unserer schwäbischen Nachbarn, wurden noch angeschafft, als das Kind, dem sie gehörten, in die Grundschule kam. Die Nager sollten das Kindchen mit der Tierwelt vertraut machen und dann auf natürliche Weise sterben. Ihre Lebenserwartung beschränkte sich auf 2,5 Jahre. Eigentlich. Dank der modernen und teuren Veterinärmedizin sind Ratten inzwischen jedoch fast unsterblich geworden. Das Kind ist inzwischen erwachsen und bald mit der Schule fertig. Aber Siegfried und Brunhilde sind noch immer da, obwohl sie alle zwei Wochen zum Arzt müssen – zu Tomografie und Blutuntersuchung.

Herr Köpke hat seit unzähligen Jahren zwei Dutzend Hühner. Seine Frau, seine Tochter mit ihrem Ehemann, die ganze Familie hat mit ihnen jeden Tag alle Hände voll zu tun. Alle laufen ihnen hinterher und passen auf, dass ihnen nichts passiert. Trotzdem vergeht keine Woche, ohne dass nicht mindestens ein Huhn vermisst wird. Entweder fällt es in eine tiefe Pfütze und ertrinkt, oder es wird vom Fuchs gefressen oder von einem Hund auf einen Baum gejagt und stirbt infolge eines Nervenzusammenbruchs. Aber die Familie gibt sich bei der Hühnerpflege Mühe und wird dafür jeden Tag mit frischen Eiern belohnt.

In Berlin haben die Leute für Hühner keine Zeit, sie sind schon mit einem Kaninchen überfordert. Dennoch gehen sie gerne auf Demos, was schließlich auch unterhaltsamer ist, als Hühnern hinterherzulaufen. Es wirkt befreiend, gegen etwas zu sein, was man selbst nicht tun muss, und erleichternd, andere darüber zu belehren, wie sie ihre Arbeit machen sollen, statt für etwas zu sein und es selbst zu tun. Es gab Zeiten in Russland, da füllten Hühnerbeine aus Amerika plötzlich die russischen Märkte. Die Beine waren dick, kräftig und kosteten fast nichts. Auf jeden Fall waren sie viel günstiger als die aus heimischer Produktion. Im Volk nannte man sie spöttisch Bush-Schenkel und erzählte sich, die Amerikaner hätten eine neue, vierbeinige Hühnerrasse gezüchtet, daher der Schenkel-Überschuss. Gott sei Dank sind die Deutschen hierbei den Amerikanern nicht gefolgt, sonst wäre das ganze Land von freilaufenden vierbeinigen Hühnern unterwandert. Unter solchen Umständen

wäre wahrscheinlich sogar Herr Köpke nach Polen aus-
gewandert, der einzige Hühnerbesitzer von Glücklitz.

Überhaupt ist in Glücklitz wenig von privater Landwirtschaft, von Gartenarbeit zu sehen. In vielen Gärten
stehen nur Tischtennisplatten und Bänke. Bäume, gar
Obstbäume, hat hier kaum einer. Ich glaube, das mit
den Obstbäumen hat sich erledigt. Die ständige Verfüg-
barkeit aller Lebensmittel das ganze Jahr über zu niedrigen Preisen macht jede Gartenarbeit überflüssig.

Während ich ganz Glücklitz vergeblich nach den
Obstbäumen absuchte, fand in Berlin die internationale Fruchtmesse statt, und wir bekamen Besuch. Es
hatte sich so ergeben, dass mehrere alte Freunde von
mir inzwischen mit Früchten handelten. Der eine verkaufte Bananen nach Russland, der andere importierte
exotische Früchte aus Ecuador in den Südkaukasus. Sie
alle kamen zur Fruchtmesse nach Berlin. Mir erzählten sie, dass es jedes Jahr mehr Früchte gab und diese
immer exotischer wurden. Die Konsumenten waren immer schwerer zufriedenzustellen. Vorbei die Zeiten, als
man die Käufer mit gelben quadratischen Wassermelo-
nen zum Staunen bringen konnte. Inzwischen sind auch
flache kernlose Pfirsiche oder Bananen mit Vanillege-
schmack keine Besonderheit mehr.

Wir erinnerten uns an frühere Zeiten und kamen zu
dem Schluss, dass die Menschheit doch einen Sprung
nach vorne gemacht hatte und vieles besser geworden

war. Unsere Vettern und Vorvettern hatten zum Beispiel von Bananen keine Ahnung, von exotischen Früchten aus Ecuador ganz zu schweigen. Ihre Kindheit und Jugend erlebten sie in der Zeit des Krieges und der großen Not, und sie hatten schrecklich gehungert. Später, als die Stunde der Freiheit kam und die ersten exotischen Früchte in meine Heimat gelangten, wurden diese Vorvettern aus ihren Wohnorten vertrieben wie einst Adam und Eva aus dem Paradies.

Ich staunte, dass sich in der menschlichen Geschichte das Motiv des Verzehrs einer exotischen Frucht samt darauffolgender Vertreibung stets wiederholte. Seit der ersten Vertreibung wurden die Menschen allerdings immer wählerischer, was ihre Obstwahl betraf. Sie pflanzten alles Mögliche an, um das verlorene Paradies nachzuahmen. Die Erinnerungen an die dortige Flora wurden zunehmend vage. Die einen setzten auf Cannabis, die anderen zogen Weintrauben vor. Das Trauma der Vertreibung ist stark im menschlichen Bewusstsein verankert. Im Grunde ist die ganze Welt ein Vertriebenenverband, denn jeder wurde schon einmal von irgendwo vertrieben oder erst gar nicht dort hereingelassen. Mein Großonkel Wanja, der Bruder meines Großvaters, träumte in seiner kleinen ukrainischen Stadt davon, einmal nach Moskau zu reisen. Während des Krieges, als die deutschen Truppen vor Moskau standen, meldete er sich freiwillig zur Armee, durfte

Moskau beschützen, grub eine Grube, damit die deutschen Panzer nicht durchbrechen konnten, und fiel dann dummerweise selbst so unglücklich hinein, dass er sich das Bein brach. Diese Verletzung hat ihm möglicherweise das Leben gerettet. Im Krankenhaus schrieb er das Gedicht »Mein Moskau«, das später offiziell zur Hymne der Hauptstadt wurde und meinen Onkel über Nacht zu einem berühmten Dichter machte.

> *Ich bin viel auf der Welt herumgekommen,*
> *Lebte im Wald, in einer Hütte aus Holz,*
> *Fühlte mich wie lebendig begraben,*
> *Doch war immer auf Moskau stolz.*
> *Und egal wo ich noch landen werde,*
> *Wie mein Schicksal wendet das Blatt,*
> *Ich weiß nichts Besseres auf Erden*
> *Als meine goldene Hauptstadt.*

Das Blatt seines Schicksals wendete sich zum Guten, und er bekam nach dem Krieg eine Wohnung im Moskauer »Haus der Dichter«, schrieb das humoristische Poem »Lenin trifft auf die Kosmonauten« und lieh später meiner Mutter das nötige Geld, damit sie einer Wohnkooperative beitreten, aus dem Keller ihrer Mutter ausziehen, eine eigene Familie gründen und eigene Kinder – mich – bekommen konnte. Insofern bin ich ganz froh, dass mein Onkel damals in diese Grube gefallen war.

Mit meinen Fruchtfreunden fuhren wir aus der Stadt nach Glücklitz, ich wollte ihnen nämlich unbedingt meinen Garten zeigen. Bis jetzt waren alle Versuche, dort exotische Früchte anzupflanzen, gescheitert. Bis auf den Meerrettich sind sie alle eingegangen. Aber wer weiß, vielleicht wird man in ein paar Jahren, wenn die globale Erwärmung bis dahin noch anhält, nicht mehr nach Ecuador fliegen müssen, um Bananen für Osteuropa einzukaufen.

Mein Garten atmete nach dem langen Winter durch, und die Erde war in einem Schachbrettmuster von Maulwurfshügeln durchlöchert, als hätten die Tierchen eine undurchsichtige Partie gespielt und am Ende in einer Pattsituation alle Figuren aufgefressen. Was sie dazu gebracht hatte, so viele Löcher nebeneinander zu bohren, blieb mir für immer ein Geheimnis. Auch sie suchten wahrscheinlich nach dem einzig richtigen Garten, auch sie fühlten sich vertrieben. Jedes Mal, wenn sie nach oben kamen, hofften sie, endlich an der richtigen Stelle herausgekommen zu sein, ihr gesegnetes Mallorca erreicht zu haben. Doch kaum streckte der Maulwurf seine Nase aus dem Loch, war er enttäuscht – schon wieder die falsche Stelle! Der Himmel war aber nahe! Er konnte es zwar nicht sehen, aber er konnte es riechen, und so grub er immer weiter und weiter seine endlosen unterirdischen Gänge und hoffte, im Paradies ans Licht zu kommen, kam aber immer nur in Brandenburg raus.

Weinerkenntnisse

Die beiden Frauen mit den typischen ostdeutschen Namen Jacqueline und Jeanette, die uns das Glücklitzer Haus verkauft, den Weinberg aber für sich behalten hatten, kamen ab und zu vorbei, um ihre nördlichsten Reben der Welt zu pflegen. Jedes Mal, wenn wir uns zufällig trafen, schwärmten sie von ihrem Rotwein, den keiner im Dorf jemals gesehen, geschweige denn gekostet hatte. Auch ich habe nur ein Foto von diesem Wein im Internet gefunden. Ein ganz besonderer solle es sein, stand dort, eine Rarität, die in der Welt der Weinkenner einen hohen Stellenwert genieße. Die Winzerinnen selbst beschrieben ihn als herb, kräftig und dunkelrot, als Blut der brandenburgischen Erde quasi. Uns versprachen sie, bei der erstbesten Gelegenheit eine Flasche vorbeizubringen. Doch ihr Versprechen wurde nie Realität.

Auch im Dorf lachten die Glücklitzer nur, wenn ich sie zum nördlichsten Wein der Welt befragte. Die Männer von der freiwilligen Feuerwehr zuckten die Schultern und schüttelten die Köpfe. Anfangs, als die beiden Frauen mit dem Weinbau angefangen hatten, hatten die Einheimischen gedacht, der Weinberg würde mehr Licht in ihr Dorf bringen. Sie hatten von dörflichen Weinfesten und öffentlicher Verkostung im Haus des verloren gegangenen Gastes geträumt. Die Winzerinnen zogen sich dann aber aus dem Dorfleben weitgehend zurück. Entweder tranken sie alle Vorräte selbst, oder die Ernte war so mager, dass sie damit nicht angeben konnten.

»Sie hätten dir diesen Weinberg bestimmt auch gerne verkauft, sie dürfen bloß nicht, weil sie Geld dafür vom Staat bekommen haben und zehn Jahre lang den Weinberg selbst bestellen müssen«, meinte Hartmut.

Ein freiwilliger Feuerwehrmann meinte, diesen nördlichsten Wein der Erde gäbe es gar nicht. Die Frauen brächten ihre Trauben nach Sachsen, wo sie irgendeinem der unzähligen Dornfelder als würzige Zutat beigemischt würden.

Doch die Trauben existierten. Sie kamen im Sommer als grüne Pünktchen aus den Reben und entfalteten im Herbst ihre Farbe und Form. Ab und zu kletterte ich über den provisorischen Zaun, der unser Grundstück vom Weinberg trennt, und klaute eine Handvoll Weintrauben, um den Geschmack des Endproduktes zu erahnen. Die Beeren schmeckten bitter und sauer, als wären sie chronisch unreif. Wie soll dieser Wein wohl schmecken, überlegte ich. Nordbrandenburg zeichnete sich durch ein feuchtes Klima und wenig Sonne aus. Unter solchen Bedingungen einen anständigen Rotwein zu produzieren schien mir unmöglich. Andererseits mochte ich diesen Weinberg, auch der Versuch der beiden Frauen, Unmögliches zu schaffen, imponierte mir.

Ich spielte mit dem Gedanken, vielleicht später eine Winzerkarriere anzufangen, wenn die Frauen irgendwann einmal keine Lust mehr hätten und mir den Weinberg überließen. In meiner Phantasie brachte ich bereits einen selbst gezüchteten nördlichsten Wein der Erde heraus, einen »Gewürzkäminer«: ein bitter-süßer Wein aus dem Herzen Brandenburgs, der den Menschen im Winter die Gemüter erwärmt, einen Wein zum Tanzen im Schnee. Ich würde ihn am liebsten nach alter georgischer Tradition keltern, in eine große Amphore gießen und diese Amphore bei mir im Garten eingraben. Der Wein sollte in den Säften der Erde gären und all die Geschichten des Landes aus dem Boden saugen, alles, was dieser Gegend in den letzten tausend Jahren widerfahren ist, die süße Freude und das bittere Leid. Nach ein paar Jahren würden wir die Amphore vorsichtig öffnen und zusammen mit dem ganzen Dorf austrinken. Danach wären wir genauso weise und klug wie der Wein und hätten vor nichts auf der Welt mehr Angst. Solange wir nicht vorher in die Amphore fielen. Wir würden diesen Wein niemals auf den Markt bringen, denn Wunder dürfen nicht verkauft werden.

Für mich zählt Wein zu den großartigsten Wundern der Welt und seine Herstellung zu den edelsten Vorhaben, die man auf Erden verwirklichen kann. Die Winzer sind die Könige unter den Landwirten. Nicht umsonst hat sich auch Jesus als Winzer hervorgetan, indem er Wasser in Wein verwandelte und nicht etwa in fettarmen Joghurt, Soljanka oder Wodka. Jesus wusste wahrscheinlich, dass Soljanka keine Lösung war, da er nur wenig Zeit hatte. Überall sah er verzweifelte Menschen, und zwanzig Leben hätten nicht ausgereicht, um allen zu helfen. Schnell bemerkte er, dass nur ein Wunder diese Menschen retten konnte. Also heilte er Kranke, schaffte es sogar, einen Toten zu überreden, wieder zum Leben zu erwachen, aber sein größtes Wunder war der Wein.

Die Bibel berichtet ausführlich darüber. Es ging um eine Hochzeit, bei der die Erwartungen der Beteiligten nicht erfüllt wurden. Der Bräutigam hatte viele Gäste eingeladen, er wollte einmal richtig feiern und die Sau rauslassen, man heiratete schließlich nicht jeden Tag. Er hatte alle seine Freunde, Verwandten, Bekannten, Halbbekannten und sogar ein paar Unbekannte eingeladen, fand aber auf dem Hof nur einen spärlich gedeckten Tisch. Es war ihm äußerst peinlich, mit seinen Halbbekannten an diesem Tisch zu sitzen. Die Braut genierte sich ebenfalls, dass ihre Eltern, die für das Fest die Verantwortung trugen, sich dermaßen verrechnet hatten. Die Eltern hatten sparen wollen. Was soll der Quatsch mit der Hochzeit, hatte der Papa gedacht. Warum sollen sich irgendwelche Unbekannte auf unsere Kosten betrinken? Er hatte daher nur sehr wenig Wein auf den Tisch gestellt, der prompt in fünf Minuten ausgetrunken war, und wartete daraufhin geduldig, bis die Gäste abdankten. Doch die Gäste blieben, sie warteten auf die Fortsetzung.

»Danke, Papa, für dieses wunderbare Fest«, sagte der Bräutigam zu dem Schwiegervater. »Was für eine überschwängliche Stimmung! Mir platzt gleich der Kragen vor Freude.«

»Nichts zu danken, selber schuld«, sagte der Papa. »Wen hast du denn eingeladen? Was sind das für Leute? Wir kennen sie doch gar nicht. Wir dachten, wir würden im kleinen Familienkreis feiern. Angesichts der bevorstehenden ersten Liebesnacht würde ich dir sowieso raten, trocken zu bleiben«, meinte der Vater der Braut.

»Danke, Schwiegerpapa, für diesen Ratschlag«, erwiderte der Bräutigam, »es macht mir keine Mühe, in deiner Gesellschaft trocken zu bleiben, da wir ja sowieso nichts zu trinken haben. Aber ich möchte, dass Sie es wissen, die Hochzeit haben Sie mir schon vergiftet.«

Die Eltern schüttelten die Köpfe. Ach, hätten sie doch lieber gar keinen Wein auf den Tisch gestellt, das wäre vielleicht besser gewesen. So hatte jeder bereits einen Schluck genommen, einen ganz kleinen, der aber mehr versprach und die Menschen in Streitlaune versetzte.

»Mein lieber Schwiegersohn«, sagte der Papa der Braut. »Wir haben dich nicht zum Heiraten gezwungen. Unsere Tochter war deine Wahl. So könnten unsere verehrten Gäste denken, du hättest nur geheiratet, um auf unsere Kosten saufen zu können. In dieser Situation wäre es an deiner Stelle eher angebracht, die Klappe zu halten.«

So stritten sie fleißig vor sich hin, miese Laune verbreitete sich am Tisch, und die ganze Feier schien zu platzen. Plötzlich stand einer der unbekannten Gäste auf und rief leise zu den Streitenden, sie mögen doch mit diesem Unsinn aufhören: »Macht lieber das große Fass auf, das bei euch im Hinterhof steht. Ich habe nachgeschaut, es ist randvoll mit ausgezeichnetem Wein.«

»Es muss sich hier um ein Missverständnis handeln«, erwiderte der Papa der Braut. »In diesem Fass auf dem Hof ist bloß Wasser, altes Regenwasser für die Ziegen«, sagte er und errötete.

»Glaubst du an Wunder, alter Mann? Wunder, die allein uns retten können?«, fragte Jesus, denn er war dieser unbekannte Gast.

»Nein«, sagte der Papa entschlossen. »Ich glaube nicht an Wunder, die uns retten. Ich glaube, dass uns nur harte Arbeit, Respekt vor dem Alter und Ergebenheit vor dem Staat weiterbringen können.«

»Gut, wenn dem so ist, lass uns dein altes Ziegenwasser probieren«, schlug Jesus vor.

Die Gäste liefen also zum Fass, und tatsächlich war

es bis an den Rand mit ausgezeichnetem Wein gefüllt. Ein süßes Getränk war das, mit dem nördlichsten Wein der Erde aus Brandenburg nicht zu vergleichen.

»Was für ein toller Wein!«, riefen die Gäste.

»Du alter Geizhals!«, rief der Bräutigam.

»Ein Wunder, ein Wunder ist geschehen«, rief der Papa und errötete noch mehr.

Sie tranken die ganze Nacht, tanzten, sangen alte Volkslieder und wurden dicke Freunde.

Wein ist ein gefährlicher Spaß, er ist mit Vorsicht zu genießen. Am frühen Morgen lagen die meisten totbetrunken auf dem Boden. Nur drei Männer saßen vor dem Ziegenstall und beobachteten den Sonnenaufgang: der Papa, Jesus und der Bräutigam. Im Laufe der Feier hatte Papa ein zweites Fass Ziegenwasser im Keller gefunden, das Jesus problemlos in Wein verwandelt hatte. Die Männer näherten sich dem Boden des zweiten Fasses.

»Du alter Fuchs«, umarmte der Bräutigam seinen Schwiegervater.

»Du bist schon in Ordnung, wir werden eine lustige Zeit zusammen haben. Und was machen Sie beruflich?«, fragte der Papa Jesus, der nachdenklich neben den beiden saß und völlig nüchtern in den Himmel schaute.

»Ich bin Jesus, der Sohn Gottes auf Erden« antwortete er. »Ich bin gekommen, um die Menschen ans Licht zu führen. Sie sollen ehrlich zueinander sein, alles miteinander teilen und einander lieben. Nur die Liebe zählt.«

»Das hast du gut gemacht, Jesus«, klopfte ihm der Bräutigam auf die Schulter. »Du hast meine Hochzeit, meine Ehre und den Ruf unserer jungen Familie gerettet. Dafür danke ich dir von ganzem Herzen.«

»Sie sind auf einem gefährlichen Weg, junger Mann«, sagte der Papa zu Jesus. »Die Menschen mögen zwar Ihre Wunder, aber sie mögen es nicht, wenn Wunder auf ihre eigenen Kosten stattfinden. Nicht alle wollen ans Licht, viele sitzen gern im Dunkeln. Es ist doch viel gemütlicher und vertrauter, in der eigenen Dunkelheit zu bleiben, als an das fremde Licht gezerrt zu werden. Wenn Sie so weitermachen, wird es für Sie möglicherweise böse enden.«

»Ich weiß«, sagte Jesus, »ich weiß, was mir passieren wird. Ich rede noch einmal mit meinem Vater darüber, vielleicht lässt sich ein Kompromiss finden.«

»Lass uns ins Haus gehen«, sagte der Papa, »ich habe da noch eine Flasche auf Vorrat versteckt.«

»Hey, warum verstecken Väter immer ihre Flaschen?«, rief der Bräutigam verwundert.

Welche Erkenntnis hatte wohl der nördlichste Rotwein der Welt den beiden Frauen geschenkt? Darüber grübele ich jedes Mal nach, wenn ich den Glücklitzer Weinberg vor Augen habe.

Worüber die Fische schweigen

Die Stille am See kann einen Stadtbewohner verrückt machen. Die Stimme einer Großstadt ist zwar laut, aber inhaltslos. Tausende, Millionen Geräusche vermischen sich zu einer brausenden Brühe. Es ist unverständlich, was die Stadt dir damit sagen will. Die Stille ist niemals leer. Man braucht ihr nur ein paar Minuten zuzuhören, schon fängt man an, mit Bäumen zu reden, das Gras am Ufer will seine Geschichten erzählen, und man hört, wie tief unter Wasser die Fische lachen.

Im Herbst kommunizierten die kleinen brandenburgischen Fische auch an der Oberfläche mit uns. Sie sprangen aus dem Wasser, drehten ihre Schwänze in der Luft und zeigten sehr eindrucksvoll, dass sie keine Angst vor unseren Angeln hatten. Sie wussten, dass wir keine richtigen Fischer waren. Mir reicht es schon, ein paar Stunden mit der Rute am Ufer zu sitzen, den Sonnenaufgang zu bewundern und den Fischen zuzuhören. Was sie sich wohl unter Wasser erzählten? In meiner Phantasie redeten die Fische über uns und waren neidisch, dass wir Menschen dank einer Laune der Natur im Trockenen sitzen durften, während sie ihr Leben unter Wasser verbringen mussten. Meinem Freund Alexander reichte so eine Möchtegern-Anglerei aber nicht. Er wollte tatsächlich herausfinden, was die Fische redeten. Vor allem, was sie uns verschwiegen und was die geheimnisvollen Lacher bedeuteten, die ab und zu als Luftblasen aus der Tiefe nach oben stiegen.

Worüber lachen Fische? In Deutschland führt der Weg zu jeder Erkenntnis über eine Behörde. Nicht jeder darf sich hierzulande mit großen Fischen unterhalten. Man muss eine Qualifikation dafür besitzen und sich von der Prüfungsstelle des Verbandes Deutscher Sportfischer prüfen lassen. Nur dann bekommt man eine Erlaubnis, Raubfische in Berlin und Brandenburg zu angeln. Von vegetarischen Fischen wollte mein Freund nichts mehr wissen.

Zuerst dachten wir, der Fischerverband sei eine typische Papierbehörde, die einem gleich nach Bezahlung der Gebühr die notwendige Erlaubnis ausstellte, doch die Fischfunktionäre meinten es ernst mit meinem Freund. Zwei Wochenenden dauerte der Kurs, vierzig Stunden Unterricht mit einer abschließenden Prüfung, die Hunderte von Fragen beinhaltete. Als Mensch mit Charakter wich mein Freund, einmal zu etwas entschlossen, nicht mehr vom Ziel ab. Schwierigkeiten reizten ihn sogar. Je komplizierter die Sache schien, umso weniger dachte er über einen Rückzieher nach. Zunächst einmal wurde er gar nicht in den Kurs aufgenommen – aus Platzmangel. Der Kurs war seit Monaten ausgebucht. Aus Sicherheitsgründen durfte die Gruppe der studierenden Raubfischer nicht größer als achtzig Personen sein, und es gab viel mehr Kandidaten als Plätze im Saal. Auch der übernächste Wochenendkurs war bereits komplett belegt. Wer hätte gedacht, dass die Sportfischerei in Berlin und Brandenburg einen solchen Zulauf hat, wunderte sich mein Freund und schrieb sich für die überübernächste Gruppe ein. Auch sie war schon beinahe voll.

Nach dem ersten Unterricht erzählte er, dass bei dem Kurs viele Russen, unsere Landsleute, mitmachten. Junge und Alte waren dabei, sogar Frauen. Eigentlich ist Fischerei Männersache, und auffälligerweise waren alle Frauen im Angelunterricht Russinnen. Entweder wollten sie ihre Männer nicht allein zum Angeln lassen, oder sie hatten selbst eine Leidenschaft fürs Fische fangen entwickelt. Besonders eine – jung und blond – gab im Unterricht ständig mit ihren Fangerfolgen an, erzählte, wo sie in der ehemaligen Sowjetunion schon überall gefischt hätte, und zeigte, mit einer für Frauen äußerst unpassenden Geste, wie groß ihre Beute ausgefallen wäre.

Mein Freund lernte gleich in der ersten Unterrichtsstunde die anderen Russen kennen. Sie waren allesamt schon in ihrer Heimat leidenschaftliche Angler gewesen und hatten sich nicht vorstellen können, dass man irgendwo auf der Welt einen Erlaubnisschein brauchte, um angeln zu gehen. In Deutschland hatten sie deswegen versucht, einfach ohne Schein zu angeln, und prompt Probleme mit der Polizei bekommen. Jetzt mussten sie die Prüfung ablegen, um weiter angeln zu dürfen.

Die Prüfungsfragen erwiesen sich als teuflisch kompliziert. Vor allem das ganze Fischvokabular, das im Alltag so gut wie nie benutzt wurde, machte meinem Freund zu schaffen. »Wie unterscheidet sich die Schwanzflosse von der Brustflosse?«, »Welche Funktion haben die Schleimdrüsen, und was ist ein Laichausschlag?« Die Angler lernten so fleißig, als hätten sie vor, nicht nur Fische zu fangen, sondern selbst Fische zu werden. »Ist es die Anzahl von Barteln, die einen Schuppenkarpfen von einer Karausche unterscheidet?«, fragte der Angellehrer in den Saal. Viele schliefen dabei ein.

Bei der Prüfung ging es darum, dass nur ein ausgebildeter Fachmann ein Wirbeltier töten durfte. Der Fisch durfte nicht gequält werden und der Fischer auch nicht. Den Rechten beider Seiten wurde mit einer Reihe staatlicher Gesetze Rechnung getragen. Wenn der Fischer einmal dringend in die Büsche musste, durfte er seine Rute einem Minderjährigen überlassen, der den Fisch zur Not aus dem Wasser ziehen, aber ihn nicht töten durfte. Dafür musste der Minderjährige den Fischer aus dem Busch zurückrufen.

Mein Freund Alexander lernte die Prüfungsfragen und Antworten auswendig. Er las sie beim Frühstück und zum Mittag, vor dem Schlafengehen und beim Aufstehen. Die letzte Nacht vor der Prüfung konnte er kaum noch schlafen, schaffte es dafür aber gleich im ersten Anlauf mit nur drei Fehlern. Nun hatte er den ersehnten Schein und konnte völlig legal und gesetzlich dem ganz großen Fisch in die Augen schauen.

Mit dem Schein bewaffnet nahm er all seine Ruten, dazu die tollsten, vom Gesetz zugelassenen Köder, und ging an den See. Na passt bloß auf, Fische!, witzelten wir. Fünf Stunden verbrachte mein Freund am Wasser. Nichts. Am nächsten Tag ging er noch vor Sonnenaufgang ans Ufer. Wieder vergeblich. Der Fisch ließ sich nicht fangen. Vergeblich zeigte ihm mein Freund seinen gerade ausgestellten Schein. Entweder hatte der Fisch keinen Respekt vor seinen neuerworbenen Angelkenntnissen, oder er war unter dem Einfluss der niedrigen Wassertemperaturen schläfrig geworden. Auf jeden Fall schwieg er. Das aber so laut, dass man ihn an jedem Ort des Sees hören konnte.

»Bald wird Schnee fallen. Der See wird unter einer Eiskruste verschwinden, es wird dunkel hier unten, dunkel und kalt«, schwieg der Fisch laut vor sich hin.

»Ach, ich habe immer solche Angst, aus dem Winterschlaf einmal nicht mehr aufzuwachen. Und hören Sie auf, mir Ihre Köder hinzuwerfen, ich will nicht sterben! Aber ich bin schon so alt, und wissen Sie, früher als kleiner Fisch und auch noch später schien es mir, als gäbe es nichts Wichtigeres auf der Welt als Futter. Ich schwamm hin und her, überall dorthin, wo es etwas zu essen gab. Ich war viel zu unaufmerksam, ich bemerkte die wundervolle Natur nicht, die uns umgibt. Schauen Sie sich nur um, dieses schwarze stehende Wasser, die Enten, die Wasserblumen, die Misteln an den Bäumen, die sich im Wasser spiegeln. Wie wunderschön und einmalig dieser Anblick doch ist. Er geht aber schnell vorbei und kommt nie wieder. Es ist Spätherbst, und ich habe jeden Tag so viel Freude.

Wissen Sie, früher haben wir in einer furchtbaren Zeit gelebt, es gab so viele Angler, überall Netze. Ich bin selbst drei Mal das Opfer meiner Gutgläubigkeit, meiner Dummheit geworden, habe beinahe mein Leben verloren und wofür? Für einen Wurm! Aber natürlich muss ein Fisch genug Futter haben, um sich philosophische Gedanken über die Natur machen zu können. Ohne Futter ist das Leben eine Qual. Übermäßig viel Futter ist allerdings auch schlecht, es stört beim Schwimmen. Ich habe gehört, bei Ihnen werden Märchen über Zauberfische erzählt, Goldfische, die einem drei Wünsche erfüllen, als wäre der Fisch ein

Zauberstab. Eine schöne Vorstellung. Aber wissen Sie, mir hätte schon ein einziger Wunsch gereicht. Ich hätte mir dann nämlich gewünscht, dass alles, was ich will, wahr wird. Aber eigentlich haben wir doch schon alles: Glaube, Liebe, Hoffnung, wir tragen all das bereits in uns.«

So schwieg ein alter Fisch im Glücklitzer See vor sich hin und bereitete sich auf einen langen Winterschlaf vor.

Diesseits von Eden

Langsam gewöhnten wir uns aneinander, wir und das Dorf. Die Natur Brandenburgs nahm uns gleichgültig auf, mit unseren Grillabenden, unserer Musik, unseren Gästen und unseren mitgebrachten Pflanzen, die sich trotz ihrer Fremdheit auf dem neuen Grundstück wie zu Hause fühlten. Besonders gut hatte sich der Meerrettich hier integriert. Im Frühling reckte er seine großen Blätter als Erster gen Himmel und verdrängte jede Spontanvegetation in seiner Nähe. Auf der Suche nach einem neuen Nutzungskonzept für den Garten kam ich auf die Idee, die Meerrettich-Plantage zu vergrößern und eine handgemachte ökologisch unbedenkliche Meerrettich-Konfitüre zu produzieren. Doch mein Sohn verbat es mir, auch nur daran zu denken, seinen Meerrettich an fremde Menschen zu verfüttern. Stattdessen würde er selbst alles ernten und essen, behauptete er. Auch mit den Nachbarn klappte es gut. Die Dorfbewohner grüßten mich schon von Weitem herzlich, wenn wir uns während meiner unbedarften Angelexperimente am See, auf dem Friedhof oder im Garten sahen. Natürlich waren unsere Gartenversuche in Glücklitz nur Kinderspaß und Zeitvertreib, mit richtiger gärtnerischer Tätigkeit nicht zu vergleichen.

Jenseits von Brandenburg entwickelte sich meine Gartenkarriere jedoch rasant. Der deutsch-französische Sender *arte* bestellte drei Gartenfilme, die ich als selbst ernannter Gartenexperte moderieren durfte. Es ging dabei nicht um Schrebergärten, sondern um die herausragendsten Gartenanlagen Europas. Das ganze Projekt trug den Titel »Diesseits von Eden. Die schönsten Gärten der Aufklärung«. Es ging dabei um einen deutschen, einen tschechischen und einen russischen Garten. In allen drei Ländern waren es die aufgeklärten Adeligen, Fürsten, Könige und Zaren, die sich der Gartenkunst hingegeben hatten. Sie hegten die Hoffnung, in einer von Menschenhand veränderten, würdigeren Umgebung würden schönere, bessere Menschen aufwachsen, die imstande wären, das Nützliche mit dem Schönen zu verbinden, zum Beispiel Kapitalismus mit Monarchie. Aus diesem Grund wollten die Adeligen in ihren Gärten keine Meerrettich-Plantagen haben, sie wollten auch weder grillen noch Ball spielen. Ihr Ziel war die Züchtung von besseren, verständnisvolleren Menschen, sie nahmen die Sache mit dem Garten daher sehr ernst. Es ging schließlich um Leben und Tod, um einen Annäherungsversuch an das eigene Volk. Der Geist der Französischen Revolution wehte bereits durch Europa, die Köpfe des Adels saßen zwar noch fest auf den Schultern, aber vielen juckte es bereits am Hals.

Unser erster Filmgarten war ein deutscher, nämlich das Gartenreich von Wörlitz, eine von Leopold III. Friedrich Franz von Anhalt-Dessau beinahe perfekt gebaute und sorgfältig gepflegte deutsche Gartenanlage. Als junger Mann hatte der Fürst viel Zeit im Ausland verbracht, um andere Kulturen und Architekturen zu bewundern. Für die jungen Adeligen war es damals Pflicht, fremde Länder aus erster Hand kennenzulernen, bevor sie sich der Gesellschaft im eigenen Land widmeten. Bloß folgten die meisten Adeligen bei diesen Reisen ihren rückschrittlichen Interessen. Sie wollten die Sitten und Bräuche vergleichen und gingen, kaum im Ausland angekommen, als Erstes in ein Bordell. Fritz Franz war aber als junger Mann unglücklich vom Pferd gefallen und hatte seitdem andere Interessen. Er war ein Weltverbesserer, kein Draufgänger, und während seine Altersgenossen sich Wein und Weib hingaben, dachte er über Bäume und Pflanzen nach.

Es gab kaum etwas Sehenswertes in Europa, was der Fürst in seinem Garten nicht nachbauen ließ: den Vesuv, die Kanäle Venedigs, Schlösser, Brücken, Naturlandschaften, sogar eine Synagoge. Seit zweihundert Jahren werden in diesem Garten über vierhundert

Sichtschneisen penibel so geschnitten, dass alles genau so aussieht, wie es sich der Fürst einst vorgestellt hatte. Der Garten ist die größte Touristenattraktion und gleichzeitig ein großer Arbeitgeber in der Region. Hier sind die bundesdeutsche Realität eines EU-Landes in der Krise und die Schönheitsideale der Vergangenheit auf skurrile Weise miteinander verschmolzen. Die Frührentner, Hartz-IV-Empfänger und Teilzeitarbeiter, zum Teil als Gondoliere, zum Teil als Bauer verkleidet, fahren die Touristen auf den Kanälen hin und her, helfen ihnen über die Brücken und entzünden per Hand den Vulkan, damit er mindestens ein Mal im Jahr zum Ausbruch kommt.

Die fürstlichen Orangen- und Apfelbäume, Fritz Franz' Versuche, die landwirtschaftlichen Erträge den Bedürfnissen der Menschen anzupassen, all das konnte ich gut nachvollziehen. Aber wozu zum Teufel brauchte der Fürst einen künstlichen Vulkan? Zuerst sollte es angeblich ein Wasserfall werden, wie ein Landschaftsplaner meinte, doch Wasserfälle schienen dem Fürsten dann nicht aufregend genug. Kleine Wasserfälle konnte man schließlich überall finden, selbst in Deutschland gab es jede Menge davon. Vulkane sind dagegen selten und alle mit einem eigenen Namen versehen. Von allen atemberaubenden Attraktionen der Welt hat Gott die Wasserfälle wahrscheinlich für Massentouristen erschaffen, für richtig coole Fürsten aber hat er Vulkane erfunden, so dachte Fritz Franz, als er seinen künstlichen Vulkan baute.

Er hatte viel vor in Wörlitz und hat sich an manchen Stellen deutlich übernommen. Das macht ihn in meinen Augen noch sympathischer. Eigentlich werden die Deutschen nämlich am spannendsten, wenn sie sich übernehmen. In der Regel passiert ihnen das nicht, sie gehen in der Öffentlichkeit am liebsten auf Nummer sicher. Ihr Weg ist der eines langsamen, aber unermüdlichen Pragmatismus. Doch manchmal bricht dieser Weg ab, und plötzlich wollen die Deutschen die ganze Welt glücklich machen. Oder wenn nicht die ganze Welt, dann zumindest die EU. Sie verbieten per Gesetz Sex mit Tieren, marschieren nach Afghanistan oder bauen einen Vulkan in ihren Garten. Für unseren Gartenfilm kletterten wir auf den »Vesuv«, wir drehten in der Orangerie, auf der Apfelplantage, im Schloss und auf dem Drehbergfest, das jedes Jahr in Sommer stattfindet. Zu Lebzeiten des Fürsten sollten seine Untertanen bei diesem Fest ihre über das Jahr erworbenen Kenntnisse in einer schönen und gehobenen Form präsentieren. Heutzutage machen das statt Untertanen die Schüler des Dessauer Gymnasiums. Ihr Direktor und ein Schauspieler aus dem dortigen Theater ziehen sich adelig an und jagen die Schüler um den Drehberg herum. Die Stimmung bei diesem Fest begeisterte mich. In unserer Berliner Schule habe ich eine solche Bereitschaft, zusammen zu feiern, nicht bemerkt. Ganz egal, mit welchen tollen Angeboten die Menschen der Großstadt überschüttet werden, jeder will etwas anderes und nie das, was er nach Meinung der Schulleitung wollen sollte. Hier bei Dessau aber hatten sie nach dem Untergang der DDR nach neuen Orientierungspunkten gesucht, nach einem Grund, weiter zusammenzuleben. Sie haben tief in die Geschichtskiste geschaut und den Fürsten Fritz Franz mit seinem Gartenreich-Konzept ausgegraben. Nun sind sie seine Kinder. Sie laufen lustvoll um den Drehberg herum, die Schüler, ihre Eltern und Lehrer. Sie haben alle eine andere Haarfarbe und unterschiedliche Herkunftsländer, aber sie fühlen sich in diesem Garten zu Hause, und sie gehören zusammen.

Die ganze Zeit hielt ich mich in Wörlitz in der Nähe von Wasser auf, in der Hoffnung, dass wir von der Gartendirektion eine Angelerlaubnis bekämen. Generell ist das Angeln in Wörlitz verboten, es muss also hier von Fischen nur so wimmeln. Doch die Gartendirektion blieb streng. Entweder alle oder keiner, meinten sie. Ich hatte den Eindruck, nicht nur alle Bäume und Pflanzen, auch alle Fische waren in Wörlitz gezählt und katalogisiert. Ich durfte also nicht angeln. Dafür erzählte mir ein Gondoliere, wie die Orangenbäume nach Dessau gekommen waren. Es gab wohl einmal drei holländische Prinzessinnen, die diese besondere, kälteresistente Orangensorte gezüchtet und in die Welt gebracht hatten. Zwei von ihnen heirateten nach Deutschland, und ihnen zu Ehren wurden zwei Orte in Oranienbaum und Oranienburg umbenannt. Die dritte ging angeblich nach Russland und pflanzte in der Nähe von St. Petersburg, einer sumpfigen Gegend, ihre Orangenbäume. Deswegen gibt es auch dort ein Städtchen namens Oranienbaum.

Das Städtchen kannte ich, habe dort jedoch nie Orangen gesehen, und von der holländischen Prinzessin, die nach Russland geheiratet hatte, hatte ich auch noch nie gehört. Meine Frau, die in St. Petersburg studiert hat, erzählte mir, dass sie als junge Studenten jedes Jahr nach Oranienbaum geschickt worden waren, um der dortigen Kolchose bei der Kartoffelernte zu helfen. Sie hat Oranienbaum deswegen als Kartoffelhochburg in Erinnerung behalten, mit riesigen Kartoffelfeldern, so weit das Auge reichte. Die Kartoffeln dort schmeckten allerdings ungewöhnlich süßlich, es war eine besondere Sorte, wie die Einheimischen ihr erzählten. Entweder hatte die dritte holländische Prinzessin in Russland aus Versehen etwas Falsches gepflanzt, oder die Orangen haben sich unter dem Einfluss des Klimas in Kartoffeln verwandelt.

Unser zweiter Garten war Lednice, eine groß angelegte tschechische Gartenanlage, achtzig Kilometer von

Wien entfernt, quasi direkt an der tschechisch-österrei-
chischen Grenze gelegen. Früher befand sich hier die
Residenz der Familie Liechtenstein. Es war eine schicke, ebenfalls gut geschnittene Gartenanlage, vielleicht
nicht so perfekt wie die deutsche, aber immerhin. Man
merkte sofort, dass der europäische Adel früher eng zu-
sammengehalten hatte, man war eine große Familie,
weshalb auch alle Gärten von damals eine klare Ver-
bindung besitzen, als wären auch sie miteinander verwandt. Vieles haben sie damals in fremden Gärten voneinander abgeguckt, haben Pflanzen, Bäume, Schlösser
und Konzepte ausgetauscht. Zu sozialistischen Zeiten
stagnierte die Gartenarbeit hier jedoch ein wenig. Der
Garten gehörte ganz allgemein dem großen tschecho-
slowakischen Volk, weswegen sich kaum einer richtig
um ihn kümmerte. Obwohl so dicht an der Grenze gelegen, wird Lednice noch heute fast nur von Tschechen
besucht, die hier gerne ihre Hochzeiten und Geburts-
tagspartys feiern.

In Lednice durfte ich trotz eines allgemeinen Angel-
verbots angeln. Die Leitung der Parkanlage machte für
uns eine Ausnahme, mit der einzigen Auflage, dass wir
alle gefangenen Fische vor laufender Kamera zurück
ins Wasser werfen sollten. Es sollte im Film deutlich
zu sehen sein, dass tschechische Fische in Tschechien
blieben. Seit die Tschechen 2004 der EU beigetreten
sind, hadern sie mit diesem Schritt. Warum sollen wir

für die Griechen zahlen, wo doch die Griechen viel reicher sind, als wir es jemals waren?, argumentieren sie. Auch die Tatsache, dass die Slowakei, die kleine Stieftochter, als eigenständiges Land an der Seite der EU noch immer nicht untergegangen ist, stimmt die Tschechen trotzig.

Niemand aus unserem Filmteam glaubte wirklich, dass irgendein Fisch anbeißen würde. Wir hatten nicht einmal eine richtige Angel dabei. Mit einem kurzen Stock bewaffnet, an dem eine Schnur mit Haken befestigt war, setzte ich mich ans Ufer des kleinen Sees in die untergehende Sonne, ein paar Krümel Weißbrot in der Hand, die mir als Köder dienen sollten. Die Tschechen lachten im Vorbeigehen über meine hilflosen Versuche, etwas zu fangen. Ich glaubte auch nicht hundertprozentig an den Erfolg, wettete aber aus Trotz mit dem Kameramann, einem Engländer und Angelliebhaber, auf ein Bier, dass ich es schaffen würde, wenigstens einen Fisch zu fangen. Ich dachte: Wenn das Angeln in Lednice verboten ist, die Fische aber nicht gefüttert werden, dann müssten sie mir doch buchstäblich aus dem Wasser in die Tasche springen. Unter solchen Umständen sollte es nicht schwer sein, erfolgreich zu angeln. Man könnte auch einen Finger ins Wasser stecken, sofort würde einer anbeißen.

Und tatsächlich, nach nicht einmal fünf Minuten hatte ich einen großen Fisch an der Angel, eine tschechische Goldbrasse oder so etwas Ähnliches. Der Fisch war so groß und schlüpfte so unerwartet aus dem Wasser, dass ich völlig aus der Rolle fiel. Statt wie abgesprochen den Fisch vom Haken zu befreien und wieder ins Wasser zu werfen, umklammerte ich die Brasse mit beiden Händen, drückte sie an die Brust und schrie in die vor Erstaunen wackelnde Kamera des englischen Kameramanns:

»Ich hab' bei dir ein Bier gut!«

Auch der Fisch wunderte sich über seine neue Lebenssituation. Als Komparse in einem deutschen Gartenfilm zu agieren, war wohl nicht seine Traumrolle. Er schlug mir mit beiden Flossen gegen die Brust, glitt zu Boden, sprang ins Wasser und schwamm davon. Das alles passierte so schnell, dass der englische Kameramann keine Chance hatte, die Rückkehr des Fisches zu filmen. Wir mussten jedoch der Direktion der Gartenverwaltung beweisen, dass er zurück ins Wasser gebracht worden war. Bis Einbruch der Dunkelheit versuchten wir daher, die Szene glaubwürdig nachzustellen. Ich stand am Ufer, warf große Steine ins Wasser, tat so, als wären es Fische, schüttelte vor angeblicher Begeisterung den Kopf und rief: »Was für eine fette Bestie! Haben Sie die gesehen?«

Der dritte Garten war Pawlowsk bei St. Petersburg. Die russische Aufklärerin Katharina die Große hatte ihn einst ihrem Sohn Pawel geschenkt. Gar nichts ist hier geschnitten, totale russische Gartenanarchie!, freuten sich die deutschen Filmemacher. Der Dreh in diesem russischen Garten war kompliziert. Vor allem erwies es sich als schwierig, eine Brücke der Verständigung zwischen den russischen und deutschen Gartenkollegen zu schlagen. Die Filmerei ist ein Geschäft, das aus lauter Absprachen besteht. Für den Zuschauer soll aber am Ende alles natürlich, möglichst spontan und authentisch wirken, deswegen darf beim Dreh keine Tür zur falschen Zeit auf- oder zugehen. Im russischen Gartenparadies waren Absprachen allerdings unmöglich. Russen sind Fatalisten, sie wissen selbst nicht, was kommt. Aber sie versprechen gerne etwas. Man konnte sich also durchaus mit den dortigen Gartenfreunden verabreden, sie kamen aber einfach nicht. Entweder waren sie gerade anderswo beschäftigt, oder sie hatten keine Lust. Dann hatten sie auf einmal doch unerwartet große Lust, mit uns zu sprechen, nun war aber die Kamera gerade nicht da, das Licht war falsch, oder der Tontechniker war beim Schaschlikessen von einer russischen Wespe in die Zunge gebissen worden, weil er meine Warnung, dass man in Russland den Mund nicht zu weit aufmachen durfte, ignoriert hatte.

Die Beziehung zwischen den deutschen und russischen Gartenfreunden war außerdem durch den Krieg belastet. Pawlowsk war im Krieg evakuiert worden, das

Schloss sollte gesprengt werden, vieles war kaputtgegangen. Als die Deutschen geschlagen waren und die Russen zurückkamen, wirbelte der Wind im Park die zerfetzten Reste einmaliger Bilder aus der Kunstgalerie auf, unter anderem vom einzigen Porträt von Zar Peter dem Großen, das zu seinen Lebzeiten gemalt worden war. Die älteren Mitarbeiter des Museums erzählten uns gerne Geschichten über die deutsche Barbarei. Man habe schon bevor die Nazis kamen gewusst, dass sie versuchen würden, alles Schöne und Zeitlose im Park zu vernichten, damit keine Erinnerung an die slawische Hochkultur übrig blieb. Deswegen hatten die Russen, bevor sie dem Feind wichen, alle Bestände in Park und Schloss genau dokumentiert, um nach dem Sieg die ganze Anlage schnell wieder aufbauen zu können. Diese Arbeit wurde direkt vom Komitee für Staatssicherheit, damals NKWD genannt, organisiert. Es war nach dem Krieg die einzige Behörde, die genug Mittel und qualifizierte Arbeitskräfte hatte, um eine solche Restaurierung durchzuführen. Auf diese Weise wurden das Schloss und der Park in kürzester Zeit originalgetreu wieder aufgebaut und dienen heute dem Gedenken an den Sieg der russischen Kultur über die deutsche Barbarei.

Diese Version erzählten die älteren Mitarbeiter des Parks. Die jüngere Generation der Gartenpfleger behauptet jedoch, die Russen selbst wollten den Park und das Schloss sprengen, bevor sie sich zurückzogen. Laut eines unmissverständlichen Befehls von Stalin sollte dem Feind nichts als verbrannte Erde überlassen werden. Die Bilder, deren Reste der Wind durch den Park wehte, wären ebenfalls von NKWD-Truppen zerrissen worden. Aus heutiger Sicht ist die historische Wahrheit kaum noch zu erfassen. Der Krieg an sich ist eine Barbarei, eine jeder Kultur zutiefst feindliche Handlung, tödlich für Menschen und Gärten.

Auch Pawlowsk wies eine nahe Verwandtschaft mit Wörlitz auf, nur dass dort, wo in Wörlitz Eichen standen, es in Pawlowsk Birken waren, und statt Wurstbuden und Ständen, an denen die deutschen Bürger sich ein frisch Gezapftes in der Natur gönnen, stellen die Russen Grills auf, braten Schaschlik und trinken ihr Starkbier dazu.

Der russische Staat ist in der letzten Zeit immer religiöser geworden, nicht weil er Gottes Gnade sucht, nein, aus pragmatischen Gründen. Der frühere Atheismus der Sowjetzeit hatte bereits urchristliche Merkmale, die gut zur sozialistischen Gesellschaft passten: Jeder sollte das Gleiche wollen und haben, das Gleiche von sich geben und das Gleiche bekommen. Im heutigen Russland bedarf es wieder überzeugender Erklärungen, zum Beispiel dafür, warum die einen alles haben und die anderen nichts. Die Kirche übernimmt an dieser Stelle. Zum einen macht sie klar, dass sich gerade denjenigen, die nichts haben, die großartigsten Perspektiven nach ihrem Tod eröffnen, zum anderen erlaubt die Kirche den Reichen, für einen geringfügigen Teil ihres Reichtums mit gutem Gewissen ihr irdisches Leben auf Kosten der Allgemeinheit zu genießen. Die russische Orthodoxie gibt sich Mühe, nach allen Seiten behilflich zu sein: Dem Staat hilft sie, die Gesellschaft zu stabilisieren, den Reichen, sich für ihren Reichtum nicht schämen zu müssen, den Armen mit der Hoffnung auf ein besseres Leben im Himmel. Und alle sind bedient. Die orthodoxen Popen nehmen ihre Aufgaben sehr ernst. Kaum eine andere Kirche hat so viele religiöse Feste zu feiern, so viele Heilige und Reliquien, wie die russisch-orthodoxe. Die Russen wurden als Letzte vor tausend Jahren christianisiert, sie sind die jüngsten Christen Europas, aber während der tausend Jahre seit der russischen Christianisierung haben sich jede Menge heidnische Sitten christlich gefärbt und sind in der Kirche geblieben.

Alle drei Tage, die wir in Pawlowsk verbrachten, wurden im dortigen Garten religiöse Feste mit nicht ganz nachvollziehbarem Hintergrund gefeiert: das Apfelrettungsfest, der Tag des heiligen Sängers Nikodim und das Herumtragen des heiligen Feuers zur Genesung des russischen Staates. Ich ließ mich auf komplizierte theologische Diskussionen mit den Garten-Christen ein, um herauszufinden, vor wem Jesus die Äpfel gerettet hatte, wer der heilige Nikodim war, und was das Herumtragen des heiligen Feuers mit der Genesung der Staatsmacht zu tun hatte. Meine »Informanten« schworen, alle diese Feste würden in den heiligen Büchern stehen, im Neuesten Testament russischer Prägung, sie wüssten jedoch nicht genau, auf welcher Seite.

Unser Fahrer, ein sehr gläubiger Mensch, der mehr Ikonen als Musikkassetten in seinem Wagen hatte und sich beim Fahren niemals anschnallte mit der Begründung, wer das Bild des heiligen Seraphim im Wagen habe, brauche keinen Sicherheitsgurt, suchte für mich vergeblich während der Fahrt in seiner Bibel die Passage über die Äpfel. Beinahe verursachte er dabei einen Unfall, der nur durch das rasche Eingreifen des heiligen Seraphim verhindert werden konnte. Enttäuscht, dass er die Bibelstelle nicht gefunden hatte, meinte er, auch in den heiligen Büchern würden eben manchmal wichtige Seiten fehlen, vielleicht die wichtigsten überhaupt.

Als An-alles-Mögliche-Gläubiger gab ich mich dem allgemeinen Religionswahn in der Parkanlage hin, schnallte mich nicht an, trank den gesegneten Honig mit Alkohol, nahm am Herumtragen des heiligen Feuers teil und betete sogar. Allerdings nicht für die Stärkung der Staatsmacht, sondern für die Freilassung von Pussy Riot. Ich hatte mit meinem Gartenfilm in Pawlowsk die traurige Zeit erwischt, als die russische Justiz gerade ihr Urteil über die naiven Mädchen gesprochen hatte, die gedacht hatten, mit einem Protestlied gegen die Staatsmacht in einer Kirche würden sie eine gesellschaftliche Diskussion über die unheilige Verschmelzung von Kirche und Staat anzetteln. Stattdessen bekamen sie für dreißig Sekunden Gesang zwei Jahre Knast.

Die Diskussion blieb aus, die russischen Medien verweigerten sich diesem Thema. Abgesehen von ein paar oppositionellen Radiosendern hatten sie kein Interesse daran. Die ausländischen Medien interessierten sich dagegen sehr dafür. Beinahe im Minutentakt wurde ich aus Deutschland von allerlei Zeitschriften angerufen und um einen Kommentar gebeten. Das deutsche Staatsfernsehen hatte extra aus Mainz über Moskau nach St. Petersburg eine Fernsehbrücke geschlagen, um ein Statement von mir über das unsägliche Gerichtsurteil zu filmen. Dazu engagierten sie ein Kamerateam vom St. Petersburger Fernsehen. Drei ältere Männer sollten mich am Abend vom Hotel abholen, zu der berühmtesten Kirche der Stadt fahren und dort am Kanal, mit den Kirchenglocken in Hintergrund, meinen Kommentar aufnehmen. Ich war müde nach dem langen Drehtag im Garten, und auch die Männer vom Fernsehen waren nicht mehr ganz frisch. Sie hatten den ganzen Tag davor Demonstrationen gefilmt, die Freiheit für Pussy Riot forderten – im Auftrag ausländischer Medien, versteht sich.

Es dämmerte bereits, wir mussten uns beeilen. Am

Kanal angekommen stellte ich mich vor die Kamera und sagte, ohne lange zu überlegen, was für eine Schweinerei das sei, für ein halbes Lied auf Jahre in den Knast gesteckt zu werden.

»Das wird für den Staat nicht ohne Folgen bleiben. Aber jetzt wissen wir zumindest, wovor dieses Regime Angst hat: vor singenden Mädels. Mehr davon!«, beendete ich meine Ansprache und blickte pathetisch in die Kamera.

»Alles drauf«, bestätigten mir die Kollegen.

Die Männer machten die Kamera aus und packten das Licht ins Auto. Dann kamen sie zu mir, holten ihre Zigaretten heraus und fragten:

»Okay, Wladimir, jetzt erzähl uns mal, was du wirklich von der Sache hältst.«

Ich kam ins Stocken. »Wie was? Was kann man denn sonst davon halten? Jede freie Meinungsäußerung, überhaupt jede Art Freiheit wird hier unterdrückt. Seht ihr nicht, wie die Menschen hier über die Straßen schlurfen und sich alle fünfzig Meter umschauen, als ob sie jemand verfolgt?«, regte ich mich auf.

»Ja, das sehen wir, wir sind ja nicht blöd. Aber warum denkst du, die Freiheit würde diesen Menschen helfen? Was für eine Freiheit überhaupt? Und wovon? Die Menschen hier brauchen keine Freiheit, sie brauchen günstige Kredite und bezahlbare Wohnungen, alles andere sind westliche Werte, die uns aufgedrängt werden, um schwache Geister zu verwirren. Niemand hier braucht Freiheit«, erzählten mir die Kameramänner. »Wir waren heute den ganzen Tag unterwegs, um die Protestdemos zu filmen, die Freiheit für Pussy Riot fordern. Was meinst du, wer geht zu diesen Demos? Nur Schwule, Minderjährige und Rechtsanwälte!«

»Na klar«, nickte ich, »das sind zur Zeit die revolutionärsten Teile der Gesellschaft. Homosexuelle demonstrieren für die Freiheit, weil sie in Russland tatsächlich unterdrückt werden, Minderjährige sind immer für die Freiheit, weil sie nichts dürfen, und Rechtsanwälte verteilen wahrscheinlich bei diesen Demos ihre Visitenkarten: ›Bitte schön, Sie wissen, welche Nummer Sie wählen müssen, wenn Sie verhaftet oder angeklagt werden‹. Das ist ihr Brot, sie ernähren sich von Freiheitskämpfern. Das alles heißt aber noch lange nicht, dass der Rest der Bevölkerung gern ein Sklavendasein führen möchte. Es gibt sehr viele Gründe, warum die Menschen nicht zu Demos gehen, um für ihre Rechte zu demonstrieren. Zum Beispiel, weil sie kleine oder kranke Kinder zu Hause haben oder selbst erkältet sind oder verschlafen haben oder noch dringend fürs Wochenende einkaufen müssen. Sie sind aber trotzdem für die Freiheit, selbst wenn sie das nicht an jeder Ecke rausschreien«, verteidigte ich die Bevölkerung.

»Nein«, sagten meine neuen Bekannten. »Sie gehen nicht zu Demos, weil sie wissen, dass man durch Demos nichts verändern kann. Dieses Land kann nur so funktionieren, wie es heute ist: mit einem Tyrannen statt einer Regierung, mit einer korrupten Bürokratie, die darauf ausgerichtet ist, die Schwachen zu treten und die Starken zu lecken, und mit einem nachdenklichen Volk, das alles sieht, aber schweigt. Es war hier nie anders, und es wird nie anders werden. Die Macht steht über jedem Gesetz, der KGB fliegt wie ein Schutzengel um sie herum, und das Volk sitzt auf dem Boden und schweigt, wie es schon immer geschwiegen hat. Niemand weiß, worüber genau dieses Volk schweigt und ob es dabei vielleicht über etwas nachdenkt, was noch wichtiger ist als Freiheit und Gerechtigkeit. Laut sagt es ja nie etwas. Nur manchmal steht das Volk auf wie ein Mann und metzelt alles um sich herum nieder. Dann setzt es sich wieder hin und überlässt das Regieren den anderen.«

Auf dem Rückflug von St. Petersburg nach Berlin überlegte ich, was der Grund für diesen Fatalismus der Russen sein könnte, für diesen alles zersetzenden Unglauben, nichts im Leben seines Landes, in seinem eigenen Leben verändern zu können, für ihren Unwillen aufzustehen. Entsprang all das vielleicht den sowjetischen Erziehungsmethoden? Kam es daher, dass Babys in der Sowjetunion eng gewickelt wurden und deswegen als Erwachsene Minderwertigkeitskomplexe bekamen und seit dem vorigen Jahrhundert Putin wählten, obwohl sie ihn nicht mochten? Viele Zeitungen schrieben im Ernst, es gebe im ganzen Land keinen anderen Politiker, der so gut regieren könne. Dabei leben in Russland 140 Millionen Menschen. Ich habe keine Antwort auf meine Fragen gefunden. Die Erziehungsmethoden waren lange Zeit überall auf der Welt ziemlich totalitär, und auch in europäischen Demokratien wurden Kinder gequält. Erst seit Kurzem neigen die Erziehungswissenschaftler dazu, alles entspannter anzugehen.

Ich hatte keine Zeit, den russischen Erziehungsgedanken zu Ende zu denken. Die Geschichte dieses Landes ist lang, der Flug von St. Petersburg aber sehr kurz. Um 17.20 Uhr war ich losgeflogen, und um 17.30 Uhr landete ich schon in Berlin. Zwei Stunden waren unterwegs wegen der Zeitverschiebung verschwunden. Inzwischen sind es sogar drei. Russland entfernt sich zeitlich immer weiter vom europäischen Raum und alles nur, weil der kleine russische Zwischenpräsident die Winterzeit abgeschafft hat. Es ist eine alte russische Sitte, dass jeder Präsident irgendetwas abschafft. Doch bei dem Zwischenpräsidenten war lange Zeit unklar, womit er sich beschäftigen durfte, ohne dafür gleich etwas auf die Finger zu bekommen. Er suchte nach einer harmlosen Beschäftigung ohne Widerstand und ohne Lobbyisten. So kam er auf die Winterzeit. Mit der skurrilen Begründung, Russland sei sowieso ein Winterland, wozu brauche man da noch extra eine Winterzeit, schaffte er sie ab.

Diese kurzsichtige Entscheidung hatte viele unangenehme Folgen. Im ganzen Land ist es seitdem dunkler geworden. Der Winter dauert länger, und der schwarze matschige Schnee bleibt an manchen Stellen deutlich länger als früher liegen. Auch das Ende der Welt nach dem Maya-Kalender kam in Russland durch die Abschaffung der Winterzeit eine Stunde früher als im übrigen Europa. Besonders Letzteres werden die Russen dem Zwischenpräsidenten nie verzeihen. Schon wieder haben wir den Kürzeren gezogen!, regte sich die Bevölkerung auf. Während ganz Europa noch eine ganze Stunde auf den Tischen tanzt, ist bei uns schon Schluss! Die Tatsache, dass auch dieses Ende kein endgültiges, sondern nur ein vorübergehendes war und die Welt keinen Millimeter unterging, hinderte die Russen nicht, den Zwischenpräsidenten auch weiterhin für die fehlende Stunde zu hassen. Ich glaube, wenn die Russen von ihrem Wahlrecht jemals Gebrauch machen, hat er jegliche Chance verspielt, noch einmal Zwischenpräsident zu werden. Er bleibt aber guter Dinge und froher Hoffnung auf eine weitere politische Karriere, weil so gut wie jeder hier weiß, wer der Chef in diesem Garten diesseits von Eden ist.

Katzen

Ich habe mit dem Förster einen Deal gemacht: fünf Kubikmeter Holz für hundert Euro in bar plus lebenslangen freien Eintritt bei der Russendisko in der Scheune. Er brachte gleich am nächsten Tag gut gelaunt eine Fuhre toter Bäume aus dem Wald und lud sie auf dem Grundstück vor unserem Haus ab. Dort lagen sie eine Weile, Alt und Jung, Dick und Dünn, ein ehemaliger sozialistischer DDR-Wald, nicht fein genug für die kapitalistischen Specksteinkamine, aber genau richtig für das Lagerfeuer der Migranten.

In den zwei darauffolgenden Wochen sägte und hackte ich wie ein durchgeknallter Holzfäller, der ins Guinnessbuch der Rekorde kommen will. Meine Freunde und Familienangehörigen machten sich lustig über meine Holzhackerei und filmten mich mit ihren Fotoapparaten und Telefonen. Sie drohten, die Videos ins Internet zu stellen, mit Rammsteinmusik im Hintergrund, wenn ich nicht sofort die Axt fallen ließe und mich dem

friedlichen Austrinken alkoholischer Getränke anschlie-
ßen würde. Ich ließ mich jedoch nicht provozieren und
hackte verbissen weiter, bis alle fünf Festmeter Holz la-
gerfeuertaugliche Form hatten. Danach fühlte ich mich
wie neugeboren und war so glücklich wie ein Mensch,
der endlich den alten Sinn des Lebens erfolgreich zer-
hackt und dadurch einen neuen gefunden hat. Wie wenig braucht der Mensch doch, um glücklich zu sein!
Nichts wünschte ich mir in diesem Augenblick sehnli-
cher, als noch mehr Holz zu hacken.

»Wahrscheinlich liegt es dir im Blut, vielleicht waren deine Vorfahren Holzfäller«, hänselten mich meine
Freunde. Ich sagte nichts dazu. Es ist doch ohnehin
klar, dass die Vorfahren der meisten von uns früher einmal Holzfäller, Jäger und Fischer, Sammler und Klette-
rer waren. Noch früher liefen die Urmenschen kräftigen
Tieren, vor allem großen Katzen, Tigern und Löwen,
hinterher und aßen alles auf, was diese aus Mangel an
Appetit hinterlassen hatten – Knochen, Haut und Or-
ganreste. Erst durch diese Ernährung wurden die Menschen schlauer, lernten, selbst zu jagen und machten
sich so von großen Katzen unabhängig.

Doch die gute Beziehung aus der alten Zeit ist tief
im Unterbewusstsein von Mensch und Katze gespei-
chert. Die großen Katzen sind den Menschen nach wie
vor relativ wohlgesonnen. Sie greifen sie nicht ohne Not
an und jagen sie äußerst selten. Andererseits haben die

Menschen eine große Liebe zu kleinen Katzen entwickelt. Sie lassen sie bei sich zu Hause wohnen, streicheln und füttern sie mit speziellen Katzenkonserven aus Dankbarkeit für die frühere Zeit, als Katzen ihnen noch die Knochen ihrer Beute überließen.

Russen haben besonders große Achtung vor Katzen. Einem russischen Aberglauben zufolge bewachen Katzen das Tor zur Hölle, man sollte sie also hier auf Erden lieber nicht ärgern. Denn die Wege Gottes sind unergründlich, und es kann jedem, sogar einem Heiligen, passieren, dass er nach seinem Tod in der Hölle landet. Dort werden dann Katzen darüber entscheiden, ob der Heilige kurz rausgehen darf, um in Ruhe eine Zigarette zu rauchen und frische Luft zu schnappen. In Russland rechnen viele nach ihrem Ableben mit einem möglichen Aufenthalt in der Hölle. Sie trainieren jetzt schon, indem sie sich bemühen, ihr irdisches Leben maximal an höllische Lebensbedingungen anzugleichen. Deswegen sind Katzen in Russland heilig und unantastbar.

Aber nicht nur in Russland gelten diese Tiere als heilig. Im alten Ägypten wurden Katzen als Geschenk des Himmels behandelt, obwohl die alten Ägypter durch ihre Katzenliebe einmal sogar fast vollständig ausgelöscht worden wären. Die Syrer, ihre damaligen Feinde, wussten nämlich von der Schwäche ihrer Nachbarn. Sie fesselten also Katzen an ihre Schilde, wohl wissend, dass die Ägypter lieber ihr Land aufgeben als einer Katze wehtun würden. Die Ägypter schonten die Katzen und verloren eine Schlacht nach der anderen. Die Syrer gewannen und eroberten Ägypten. Die Katzen, die als lebende Schilde hatten herhalten müssen, verloren vor lauter Stress ihr Fell, wodurch eine neue Katzenrasse entstand, die sogenannte ägyptische Kurzhaarkatze. Sie ist unter Katzenliebhabern heute besonders begehrt.

Die leichtsinnigen Syrer dachten damals, sie hätten eine Wunderwaffe erfunden, das ultimative Erfolgskonzept zur Eroberung der Welt. Sie marschierten fröhlich weiter in der naiven Hoffnung, mit den kahlen Katzen auf ihren Schilden weitere Armeen besiegen zu können. Einmal zogen sie gegen die Römer zu Felde. Doch die Römer hatten eine entsprechende Antwort parat: Sie setzten Kampfmäuse ein. Sie hatten bereits in Indien mit Mäusen auf dem Schlachtfeld große Erfolge erzielt, indem sie mit gezielten Mäuse-Attacken eine bis dahin als unbesiegbar geltende Armee zur Umkehr gezwungen hatten. Die Inder benutzten Elefanten als Panzer, die in das Heer der Gegner stürmten und alles niedertrampelten. Vor nichts hatten Elefanten Angst, außer vor Mäusen. Wenn sie eine Maus vor sich sahen, wurden sie panisch, kehrten um und trampelten das eigene Heer nieder. Nun hofften die Römer, die syrische Armee mit einer ähnlichen Masche in die Knie zwingen zu können. Die Katzen befreiten sich von den Schilden, an die sie gefesselt waren, und liefen den römischen Mäusen hinterher, die Syrer blieben ohne Schutz zurück und wurden geschlagen.

Die Römer feierten ihren Sieg, und die Katzen kamen schließlich auf Umwegen bis nach Israel, damals ein Teil des Römischen Reiches. Dort konnten sie sich ein wenig von den Schlachten erholen. Sie liefen frei herum, die Römer interessierten sie nicht, und die Juden durften sie nicht einmal anfassen, weil Katzen als nicht koscher galten. Damit war die militärische Karriere der Katzen zu Ende. Das war ihnen nur recht, denn eigentlich sind Katzen friedliche, liebevolle und unabhängige Tiere, die es hassen, von irgendjemandem benutzt zu werden, egal von wem und zu welchem Zweck. Alles, was sie brauchen, ist Futter, Liebe und Zuneigung. Deswegen liefen sie in Israel auch gleich Jesus hinterher, der exakt die gleichen Werte predigte. Katzen waren im Grunde die Ersten, die ihm folgten, die ersten Christen sozusagen. Später liefen sie seinen Aposteln nach, um Nächstenliebe und respektvollen Umgang miteinander zu demonstrieren.

Mit der Verbreitung des Christentums verbreiteten sich Katzen dann überall im heutigen Europa. Manche von ihnen leben sogar in Nordbrandenburg. Drei davon auf unserem Grundstück. Sie heißen Honecker, Lady und Big Lebowski. Letzterer wird wegen seiner Tollpatschigkeit so genannt. Die sonst allen Dorfkatzen eigene

Schläue ist ihm fremd. Lebowski kann keine Bäume hochklettern, und wenn er es ausnahmsweise schafft, kommt er ohne fremde Hilfe nicht mehr herunter. Er bleibt in jedem Zaun stecken und springt wie eine Kuh. Dafür sieht er sehr intelligent aus. Lady wiederum hat ihren Namen wegen ihres aristokratischen Aussehens bekommen. Sie ist schwarz-weiß mit verschiedenfarbigen Augen, langen Beinen und kurzem Haar. Sie ist sicher aus Ägypten hierhergekommen. Und Honecker verdankt seinen Namen seiner verblüffenden Ähnlichkeit mit dem letzten Generalsekretär der DDR. Jedes Mal erschrecke ich, wenn er vorbeiläuft. Kann es sein, dass der letzte Generalsekretär nicht starb, sondern sich in eine brandenburgische Dorfkatze verwandelte? Er kommt immer als Erster, wenn wir am Lagerfeuer sitzen, und hat einen Gesichtsausdruck, als wollte er junge Pioniere begrüßen.

Jeden Abend im September, sobald es dunkel wird, sitzen wir am Lagerfeuer und schauen in den Himmel. Eine sternenreiche Nacht ist in Brandenburg eine Selbstverständlichkeit. Tausende leuchtender Punkte zwinkern einem bedeutungsschwer zu, als wollten sie eine Botschaft überbringen, uns offenbaren, dass es kein anderes Paradies gab als Nordbrandenburg. Ein großer Schriftsteller hat einmal gesagt, dass es einen Menschen, der auf Erlösung und Vergebung wartet, sehr schmerzt, am Ende seiner Tage zu erfahren, dass sein irdisches Leben gerade eben die Erlösung war und er sich eigentlich die ganze Zeit bereits im Paradies befand. Es fällt den Zugezogenen leichter als den Einheimischen, ans brandenburgische Paradies zu glauben, denn die Einheimischen wissen über ihre Heimat zu gut Bescheid, sie haben zu viel von ihren Schönheiten gesehen. Außerdem haben Menschen recht unterschiedliche Vorstellungen vom paradiesischen Leben. Was dem einen himmlisch vorkommt, ist oft des anderen Hölle. Es gibt ein Paradies für Großstädter und ein anderes für Menschen vom Land. Ein russischer Dichter sagte einmal, die Große Oktoberrevolution sei gescheitert, weil die Großstädter versucht hätten, ihre Vorstellung vom Paradies auf dem Land zu verwirklichen. Es gibt ein kommunistisches und ein kapitalistisches Paradies, ein schwules und ein heterosexuelles, eins mit Schnäpsen und eins mit Bier. Es gibt Abertausende Paradiese auf Erden.

Indianer zum Beispiel hatten ein Paradies, in dem jeder mindestens zehn Pferde besaß, wogegen auf jeden Moslem im Paradies angeblich 72 Jungfrauen warteten. Beides, Pferde wie Jungfrauen, sind eine ungeheure Zumutung für einen Mitteleuropäer. Viel zu viel Verantwortung! Der Korrektheit halber muss dazu gesagt werden, dass bei Indianern nur zwei Sorten von Menschen ins Paradies durften: die vom Blitz Getroffenen und die auf See Ertrunkenen. Es war grundsätzlich ein eher unterbevölkertes Paradies mit mehr Pferden als Menschen.

Das Christentum erspart sich eine genaue Beschreibung des Paradieses. Es wird nur angedeutet, dass am Ende aller Tage etwas ganz Tolles auf einen wartet. Es ist ein Überraschungsparadies. Ich bin eigentlich gegen Überraschungen, Unwissenheit macht mich unsicher. Lieber eine sichere Hölle als eine paradiesische Überraschung. Immerhin kann heutzutage alles Mögliche paradiesisch erscheinen.

Mir erscheint neuerdings Nordbrandenburg als Paradies – wie wir hier mit Honecker am Lagerfeuer sitzen, Lebowski aus der Küche auf die Veranda läuft und einen riesigen Schatten an die Hauswand wirft. Wir sitzen schweigend unter einem Himmel voller unverständlicher Zeichen und Sätze, Zeichen, die wir nicht übersetzen können. Die Sprache des Himmels ist uns fremd. Wir können höchstens ein paar bekannte Sternbilder erkennen. Ich kann zum Beispiel mit Sicherheit den Kleinen Bären am Himmel identifizieren. In Deutschland heißt er Kleiner Wagen, in Aserbaidschan heißt er Löffel, und die Kinder nennen ihn »Katzenklo«.

Das ist vielleicht der Menschheit größtes Problem, dass alle in denselben Himmel schauen, aber Unterschiedliches sehen. Am Anfang war das Wort, die Sterne zeigten es an, und die Menschen lasen es ab. Jeder glaubte, der Himmel würde nur zu ihm allein sprechen, jeder hatte vielleicht einen Buchstaben verstanden, hielt ihn aber für ein ganzes Wort. Noch dazu glaubte jeder, ein anderes Wort zu sehen, und schließlich gingen alle auseinander und nahmen die einzelnen Buchstaben mit. Sie haben das Wort, das am Anfang stand, total durcheinandergebracht. Jetzt haben wir den reinsten Buchstabensalat. Was tun? Wie die Welt verstehen? Wir sind diesem Mysterium vollkommen ausgeliefert und spalten uns immer weiter auf mit unseren Religionen, Philosophien und Milliarden von Weltsichten. Die Wahrheit kennen wahrscheinlich nur die Katzen, die aber schweigen.

Allerdings muss an dieser Stelle gesagt werden, dass nicht alle Katzen so klug und zurückhaltend sind wie oben beschrieben. Es gibt auch andere, solche mit einem Knall. Zum Beispiel die meiner Mutter. Sie hatte schon immer Katzen, solange ich zurückblicken kann. Bevor ich geboren wurde, gab es da zum Beispiel Lusja. Sie wurde eifersüchtig, als ich auf die Welt kam, pinkelte mir in den Kinderwagen und ins Bettchen und versuchte im Vorbeilaufen mich zu kratzen. Lusja war ein Ungeheuer, das sahen alle, bloß meine Mutter wollte es nicht sehen.

Die aktuelle Katze meiner Mutter heißt Wassilissa und ist ebenfalls ein Ungeheuer. Sie sieht auch dementsprechend aus: eine zwanzig Kilo schwere, extrem behaarte kugelige Gestalt mit außerordentlich langen Krallen, die trotz ihres unsportlichen Aussehens imstande ist, vom Boden aus ohne Anlauf einem Fremden auf den Rücken zu springen und sich an ihm festzukrallen. Meine Mutter sieht das nicht. Für sie ist Wassilissa ein niedliches Kätzchen, das stets von bösartigen Menschen verleumdet wird und sich schützen muss. Nicht eingeweihte Besucher meiner Mutter, die Wassilissa ebenfalls für niedlich halten und sie streicheln wollen, werden nie ein zweites Mal ihre Hand nach irgendeiner Katze ausstrecken.

Wir geben uns schon lange keine Mühe mehr, diese Katze zu verstehen, und gehen Wassilissa einfach aus dem Weg. Sie sitzt in der Regel auf dem Kleiderschrank meiner Mutter neben der Balkontür und schaut in den Himmel. Wird sie mit ihrem Namen angesprochen, bellt sie von dort aus laut. Man fühlt sich eigentlich nur in Sicherheit, wenn man weiter als zwei Meter vom Kleiderschrank entfernt ist. Der einzige Mensch, den dieses durchgeknallte Wesen in seiner Nähe duldet, den sie niemals anbellt, der sie sogar streicheln und kämmen darf, ist meine Mutter. Bei ihr benimmt sich Wassilissa wie das süßeste Kätzchen der Welt. Sie schnurrt sogar, obwohl sie dabei so unglaubwürdig aussieht wie eine Pythonschlange, die sich für ein Kaninchen ausgibt.

Meine Mutter kennt nur ihre eigene Wahrheit und wirft uns vor, wir würden ihr niedliches kleines Kätzchen böswillig zu einem Engel der Hölle stilisieren. Die tiefen Kratzer am ganzen Körper, die jeder Versuch der Annäherung an Wassilissa bei einem hinterlässt und die aussehen wie von Granatsplittern verursacht, dazu mehrere in kleine Stückchen zerfetzte Gäste, blendet meine Mutter aus. Sie sagt, ihre Gäste wären selbst schuld. Hätten sie Wassilissa an der richtigen Stelle gestreichelt, wäre nichts passiert.

Wir denken nicht daran, Wassilissa an irgendeiner Stelle zu streicheln. Das bestialische Verhalten dieser Katze führen wir auf ihre schwierige Kindheit zurück. Früher, bevor sie ihren Platz auf dem Schrank einnahm, saß Wassilissa bevorzugt auf dem Balkon. Das Treiben der kleinen Vögelchen interessierte sie sehr. Und manchmal, wenn sie vom Balkon ins Zimmer zurückkam, konnte sie aus technischen Gründen ihr Maul nicht zuklappen, weil kleine Vogelbeinchen daraus hervorragten. Dasselbe ist etlichen Amerikanern bei McDonald's passiert, die den sogenannten doppelten BigMac bestellt hatten. So stand es in der Zeitung. Nach mehreren Fällen von Kiefersperre wurde das Produkt wieder aus dem Sortiment genommen. Bei den Spatzen war es so: Obwohl einige von ihnen nicht in Wassilissas Maul passten, warnte sie der liebe Gott nicht vor dem Balkon. Dann wurden sie von der Katze geholt und blieben Wassilissa buchstäblich im Hals stecken. Meine Mutter erklärte diese Vorfälle selbstverständlich mit dem Hinweis auf das freche Verhalten der Vögel auf ihrem Balkon. Diese flogen ihrer Meinung nach dem Kätzchen absichtlich ins Maul, wahrscheinlich um sie hinterhältig zu ersticken.

Wassilissa kann trotz ihrer Masse sehr schnell und

beweglich sein. Manchmal springt sie blitzschnell vom Fensterbrett aufs Balkongitter, immerhin ist sie eine Maine-Coon-Katze, und das Herumspringen liegt ihr im Blut. Einmal hat sie die Strecke jedoch falsch eingeschätzt und flog vom vierten Stock auf die Straße. Dabei versuchte Wassilissa sich vermutlich an der Hauswand festzuhalten, und ihre Krallen hinterließen an der Hausfassade tiefe Spuren. Zum Glück haben alle diesen tragischen Vorfall überstanden, Wassilissa blieb am Leben, und selbst der BMW, der unter dem Balkon parkte, hatte bloß eine große Beule auf dem Dach. Außerdem erlitt eine zufällige Passantin als unfreiwillige Zeugin einen Schock, und die zerkratzte Hausfassade musste frisch gestrichen werden. Seitdem sitzt Wassilissa auf dem Schrank und beobachtet von dort aus Vögel und Menschen. Ihre Wahrheit ist: Die Welt ist voller böser Vögel, aber man muss nicht allen hinterherspringen. Wir beobachten Wassilissa, wie sie vom Schrank aus die Vögel beobachtet. Unsere Wahrheit ist: Wassilissa ist eine gefährlich Gestörte. Doch diese Wahrheit will niemand außer den Spatzen mit uns teilen. Es kommt auf den Standpunkt an, und sicher sieht die Welt vom Kleiderschrank aus ganz anders aus als vom Balkon.

Die Welt ist voller Wahrheiten, jeder hat eine eigene. Sicher kann man auch die absolute Wahrheit erlangen, dafür muss man bloß alle persönlichen Wahrheiten in einen Topf werfen, sie kräftig umrühren, miteinander vermischen, und sofort wird das Ganze sichtbar. Doch Freiwillige für diese Aktion werden wir vergeblich suchen. Weder Wassilissa noch meine Mutter werden mitmachen. Jeder hält seine Wahrheit für die einzig wahre. Es ist nämlich viel leichter, die eigene Wahrheit zu verteidigen, als eine fremde zu akzeptieren. Und wenn zwei Wahrheiten aufeinandertreffen, knallt es gewaltig.

In der Regel sind Wahrheiten gleich groß, und so können sie einander ewig bekämpfen. Nur selten trifft eine dünne auf eine dicke. Dann zerbricht die dünne und geht unter. Was bleibt, sind Schadenfreude statt Mitleid und Vergeltung statt Vergebung. Es ist überhaupt verdammt schwierig, zu vergeben. Ich habe gesehen, wie Kindern die Tränen in die Augen schossen, wenn ihre Wahrheit beleidigt und kaputt gemacht wurde. Es ist tausendmal leichter, seinen Beleidiger zurückzubeleidigen, als ihm zu vergeben. Für Kinder ist es beinahe unmöglich, und so wird zurückbeleidigt und geschlagen – in der Regel in geometrischer Progression. Das heißt, man muss jedes Mal doppelt so fies sein wie sein Gegenüber. Das Böse vermehrt sich rasch und ist nicht mehr wegzukratzen. So geht es dann immer weiter, bis keiner mehr kann. Angesichts der Schwierigkeiten mit der Vergebung haben wir mit den Kindern eine eigene Formel entwickelt: zwei Beleidigungen gleich eine halbe Vergebung. Eine ganze Vergebung würde dementsprechend wie vier Schwerbeleidigungen wiegen.

Leider geht nichts ohne Vergebung, weil wir Menschen aufeinander angewiesen sind. Wir sind früher immer in Gruppen herumgelaufen, eng aneinandergepresst. Nur so konnten wir uns vor dem Säbelzahntiger schützen und das Mammut erledigen. Deswegen haben die Menschen als einzige Lebewesen ihre Ganzkörperbehaarung verloren, deswegen haben sie auch solch eine übertriebene Sexualität, weil sie sich stets aneinander rieben und sich während der Eiszeit aneinander wärmten. Nicht umsonst versammeln wir uns auch so gerne in großen Mengen, sei es bei der Loveparade, beim Karneval oder einer Revolution.

Kleine und große Fische in der DDR

»In der DDR gab es ganz andere Fische als im Westen«, erzählte mir Hartmut. Die ostdeutsche Forelle zum Beispiel hatte er viel fetter in Erinnerung als die Westforelle, sie hätte aber dafür mehr Gräten gehabt. Auch die Ost-Schollen hätten anders ausgesehen, meinte er. Sie wären nicht so flach gewesen und manche sogar beinahe quadratisch. Es gab anscheinend zwei verschiedene Schollenarten: die flachen waren im Westen geblieben, die quadratischen in den Osten abgewandert. Nach dem Fall der Mauer wurden die sozialistischen, quadratischen Schollen allerdings flachgelegt, das Kapital verpasste ihnen eine marktkompatible Form. Dekadente Arten wie Lachs gab es im Osten gar nicht oder nur an großen Feiertagen für schwedische Touristen. Die Karpfen waren die Lachse des Ostens. Karpfen und Aale, das waren sozialistische Delikatessen. Dafür gab es im Osten so gut wie keine Krabbeltiere, denn alles was krabbeln konnte, krabbelte in den Westen, um dort als Häppchen zu dienen.

Von meinen koreanischen Freunden weiß ich, dass die meisten koreanischen Fische sich für die dortige sozialistische Diktatur entscheiden. Während die Menschen aus dem Norden in den Süden flüchten, schwimmen die Fische ihnen entgegen, weil sie im Norden weniger gefangen werden. Außerdem ist das Wasser im Norden sauberer, weil die Nordkoreaner weniger bauen und produzieren. Die Ökologie des Nordens zieht die Fische an, sehr zum Ärger der südkoreanischen Fischer.

In meiner Sowjetunion war es umgekehrt. Einmal verließen uns alle Delphine im Schwarzen Meer: Sie schwammen rüber in die Türkei. Dabei waren diese Delphine eine wichtige Sehenswürdigkeit an den Stränden von Odessa. Jedes Mal, wenn eine Delphinleiche an den Strand gespült wurde, kam die halbe Stadt zusammen. Und das geschah fast jede Woche, nämlich immer dann, wenn die Kanalisation die Abwässer der Stadt ins Meer spülte. Die Menschen hätten lieber mit lebenden Delphinen gespielt, aber auch über die toten freuten sie sich und ließen sich mit den »Nasenfischlein«, wie sie Delphine nannten, fotografieren.

Eines Tages aber waren die Delphine verschwunden, niemand wusste, wohin. Die sowjetische Öffentlichkeit begriff diesen Verlust als ideologische Provokation des Westens. »Die Türken haben unsere Delphine mit Tricks auf ihre Seite geholt. Sie haben ihnen in neutralen Gewässern jahrelang Futter ins Wasser gestreut und sie mit akustischen Signalen gelockt, die auf Delphine anziehend wirken«, schrieb die sowjetische Presse. Das Fazit der Zeitungen war unmissverständlich: Die türkischen Kapitalisten hatten unsere Delphine als Geiseln genommen. Aber früher oder später würde die türkische Arbeiterklasse sich mit unserer Hilfe gegen die Ausbeutung wehren. Dann würden unsere Delphine zurückkommen.

Statt der Delphine kam jedoch der (türkische) Kapitalismus nach Russland. Die Nasenfischlein blieben weiterhin in der Türkei, obwohl das Kapital mittlerweile auf beiden Seiten des Meeres regiert. Nur viele politische Flüchtlinge kamen zurück. Aber die Hoffnung stirbt noch nicht, dass auch die Nasenfischlein es sich vielleicht irgendwann wieder anders überlegen. Die Menschen in Odessa bemühen sich noch immer um die Rückkehr der Delphine, werfen ihnen Futter ins Wasser und locken sie mit verschiedenen erotischen akustischen Signalen, die sie für Delphin-affin halten. Aber bis jetzt umsonst.

Der Wahrheit halber muss gesagt werden, dass es auch in der Sowjetunion Fischüberläufer aus dem Westen gab. Und das waren nicht nur kleine Fische, einmal kam ein ganzer Wal. Das größte Säugetier des Meeres strandete bei Kaliningrad, ehemals Königsberg, und starb, ohne den Menschen zu erklären, warum er beschlossen hatte, die letzten Augenblicke seines Lebens auf unserer Seite zu verbringen und im Sozialismus zu sterben. Die Wal-Leiche sorgte für ein ziemliches Durcheinander in der Region. Niemand wusste, was man mit ihr machen sollte. Sie wurde auf Befehl der Bezirksverwaltung in die nächste Stadt eskortiert und dem örtlichen naturwissenschaftlichen Museum anvertraut mit der Anweisung, die Leiche zu präparieren und das Walskelett im Rahmen der Ausstellung »Seltene Lebensformen unserer Region« auszustellen.

Bloß – wie macht man aus einer frischen Leiche ein Skelett? Der Direktor des naturwissenschaftlichen Museums entschied sich für den natürlichen Weg. Er beschloss, die Leiche zu vergraben, um nach zwanzig Jahren ein fertiges Skelett aus der Erde zu holen. Wir hatten schließlich Zeit. Die Ausstellung »Seltene Lebensformen unserer Region« war wahrscheinlich für die Ewigkeit geplant. Um den Skelettierungsprozess zu beschleunigen, ordnete der Direktor einen Subbotnik an. Einen ganzen Tag lang schnitten die Mitarbeiter des naturwissenschaftlichen Museums zusammen mit einer ihnen zur Unterstützung zugewiesenen Armeeeinheit der dortigen Raketenabwehr alles Überflüssige am Wal ab, um möglichst wenig Fleisch eingraben zu müssen. Das Exponat stank bestialisch, und es ging nicht ohne Unfälle ab. So fiel ein Fähnrich in eine Öffnung am Walkopf, von der niemand gewusst hatte. Am späten Abend wurde der Restwal eingegraben. Die Soldaten und Wissenschaftler gingen müde, aber zufrieden in ihre Gebäude zurück.

Zehn Jahre später kippte der Sozialismus. Ein neuer kapitalistischer Direktor leitete fortan das Museum. Es war an der Zeit, alle Untaten der Vergangenheit aufzuklären. Er befragte die alten Kader, wo sie den Wal eingegraben hatten, doch niemand konnte sich mehr an den Ort erinnern. Sogar der Fähnrich, der damals in den Kopf des Wales gefallen war und sich beinahe den Hals gebrochen hatte, war sich unsicher. Zwei Baubrigaden schichteten die gesamte Erde im Umkreis des Museums um. Wochenlang. In ihrer Verzweiflung hätten sie beinahe das Fundament des Museums ins Rutschen gebracht. Einmal dachten sie, das Skelett endlich gefunden zu haben. Die halbe Stadt lief zusammen, wie damals, um das herübergeschwommene Tier zu bewundern. Doch das vermeintliche Skelett erwies sich als Rest der alten Wasserleitung. Wo ist denn bloß unser Wal geblieben, fragten sich die Bewohner enttäuscht und schauten in das Erdloch. Der Wal aber blieb verschwunden.

Der Wein der Erkenntnis

Im Kaukasus sind die Angelmöglichkeiten begrenzt. Die meisten Flüsse sind zu flach und zu schnell. Je nach Jahreszeit trocknen sie entweder aus oder stürzen umgekehrt Unmengen von Wasser mit großer Geschwindigkeit die Berge herunter. Man müsste als Fisch über besondere Fähigkeiten verfügen, um es in solchen Flüssen längere Zeit auszuhalten oder gar eine Familie zu gründen. Fische, die diese Fähigkeiten nicht haben, werden von der Strömung ins Meer getragen.

Die Fischarten, die in den Bergflüssen beheimatet sind, tragen äußerst passende Namen. Sie heißen »Dickkopf« und »Schnurrbart« und sehen aus wie Stalin. Ihre Haut gleicht farblich einer Uniform, und sie tragen Ganzkörperschnurrbärte, mit denen sie sich an den Steinen und Baumwurzeln festklammern, um der Strömung zu widerstehen. Gleichzeitig können sie sich bei Trockenheit tief in den Schlamm eingraben und dort über einen längeren Zeitraum ohne Wasser ausharren.

Für Fischer sind diese Schnurrbärte eine große Herausforderung. Selbst wenn sie schon an der Angelschnur hängt, leistet ihre Beute noch starken Widerstand, hakt sich an den Steinen fest, stellt sich im Wasser quer und könnte einen kräftigen fünfzigjährigen Angler mitsamt seiner Ausrüstung ins Wasser ziehen.

Als Alternative zu den wilden Bergflüssen gibt es im Kaukasus jede Menge von Menschenhand geschaffene ruhige Teiche, wo die Fische gefüttert werden. Dort kann jeder Kaukasier für hundert Rubel einen ganzen Tag lang zwei Angeln auswerfen. Alles, was er fängt, darf er mit nach Hause nehmen. Auch in diesen Teichen leben Dickköpfe und Schnurrbärte, doch anders als in den Bergflüssen sind sie im Teich zahm, fettleibig und lassen sich leicht fangen.

Unser kaukasischer Nachbar Aram, ein leidenschaftlicher Angler, hat sich gleich in seinem Garten neben dem Wein einen eigenen Teich angelegt und mästet dort Fische, um nicht jedes Mal für seine Leidenschaft hundert Rubel zahlen zu müssen. Aram hatte gute Beziehungen zu einer Baubrigade, die in der nahen Stadt am Bau des neuen Einkaufscenters *Magnet* beschäftigt war. Die meisten Bauarbeiter waren Armenier wie er, und seine Landsleute schickten ihm gern für einen Tag einen Bagger vorbei. Das Wasser lag an unserer Ecke nicht sehr tief unter der Erde, und abends war der Teich schon fertig.

Mich ließ Aram gelegentlich in seinem Teich angeln, doch den dort angeblich lebenden Weißen Amur habe ich weder gefangen noch überhaupt gesehen. Dabei habe ich alles probiert: Regenwürmer und gekochte Maiskörner, leicht angebratenes Fleisch, bunte Plastikköder, gesalzenes Trockenbrot und sogar Whiskas, dieses schreckliche, nach toter Katze riechende Katzenfutter. Ich weiß inzwischen nicht mehr, was mich dazu veranlasst hat, das Katzenfutter als Fischköder zu probieren. Wahrscheinlich war es die Logik eines verzweifelten Anglers. Katzen mögen es, dachte ich. Außerdem mögen Katzen auch Fische. Also sollten die Fische das Katzenfutter ebenfalls nicht verschmähen. Doch ob in der Abenddämmerung oder im Morgenrot, der Weiße Amur ließ sich nicht blicken. Ich glaube, er war ein fauler Fisch, der nur einmal am Tag seine Schlafstelle verließ, um eine kurze Runde im Teich zu drehen, das herumschwimmende Fressen einzusammeln und sich danach schnell wieder zu verstecken. Der faulste aller Fische – der Weiße Amur.

Niedliche zeigefingergroße Fischlein hatte ich dagegen ständig an der Angel. Fischlein, die kleiner waren als der Haken, an dem sie sich verschluckten. Diese aquariumsgroßen Tiere wurden von dem armenischen Hauskater Noah auf der Stelle gefressen, noch bevor ich sie vom Haken lösen konnte. Aus Arams Kater wäre ein guter Angler geworden, wäre er ein Mensch gewesen.

Auf jeden Fall hatte er die notwendigen Qualitäten, das Durchhaltevermögen, die Geduld und die wichtigste Fähigkeit: für längere Zeit in völlige Starre zu verfallen.

So verging mein Urlaub. Wir standen Tag für Tag am Ufer des Teiches, ich und der armenische Kater Noah, der nach dem berühmten Kapitän der Arche benannt worden war, der die Flut überlebt hatte und schließlich auf dem Berg Ararat gestrandet war. Die Flut bestand übrigens zuverlässigen Quellen zufolge aus kochendem Wasser, sodass auch kein Fisch sie überleben konnte. Die Seen glichen einer gigantischen Fischsuppe, und nur die Dickköpfe und Schnurrbärte überlebten die Flut. Die anderen feinen Fische starben, wenn sie vom alten Noah nicht in die Arche aufgenommen worden waren. Es sollten eigentlich von jeder Sorte ein Paar gerettet werden, damit sie sich vermehren konnten, um eines Tages vielleicht zu begreifen, was Gott von ihnen wollte.

Denn ein Leben ist zu kurz und zu individuell, um die Welt zu verstehen. Das Leben einer Sippe dagegen kann mehr erklären, so behauptete auf jeden Fall mein Nachbar Aram. Sein eigenes Geschlecht führte er auf Noah persönlich zurück, der seinerseits ein Nachkomme von Set war, der dritte Sohn von Adam und Eva. Auf diese Weise ist mein Nachbar mit dem ersten Menschen direkt verwandt. Die Nachkommen der ersten zwei Söhne Adams, Kain und Abel, haben es da-

gegen nicht geschafft, sich bis in die heutige Zeit fort-
zupflanzen. Der eine, Abel, wurde von seinem Bruder
umgebracht, dessen Nachkommen wiederum wenig
später in der Flut umkamen.

Dabei war der Konflikt zwischen den beiden Brüdern
völlig nichtig und ursprünglich beruflicher Art. Abel
war Hirte, Kain betrieb Ackerbau. Beide hatten Gott
einen Großteil ihrer Ernte als Dankopfer dargebracht.
Vom Hirten hat er das Opfer angenommen, vom Acker-
bauer nicht. Warum das? Aram meinte, der Hirte hätte
Gott besser gefallen. Er nahm seine Welt in ihrer ganzen
Herrlichkeit wahr, als Geschenk, als unendlich bunten
Strauß der Schönheit, in dem tausend Blumen nebeneinander blühen. Abel zog mit seinen Lämmchen von einer Weide zur nächsten und passte sich der Welt an. Er
hatte nicht vor, irgendetwas an dieser Welt zu ändern.
Das abgeweidete Gras wuchs schnell nach, und anstelle
eines geschlachteten Lämmchens wurde ein neues geboren.

Sein Bruder Kain beschäftigte sich, wie gesagt, mit
Ackerbau. Von früh bis spät ackerte er auf dem Feld,
und in 98 Prozent der Gottesschöpfungen erblickte er
nur Unkraut, das seiner ganzen Mühe zum Trotz zu
schnell nachwuchs. Natürlich fragte sich Kain verzweifelt, wozu sein Herrgott so viel Unkraut brauchte und
so wenig nützliche Pflanzen erschaffen hatte, die auch
noch sorgsam gepflegt werden mussten, während das

unnütze Zeug von alleine wuchs. Kain vermutete dahinter einen schlechten Witz des Schöpfers. Überhaupt ging ihm die Unordentlichkeit der Welt, die Anarchie der Natur, auf die Nerven. Er hielt die Schöpfung für fehlerhaft. Kain selbst hatte klare Vorstellungen, wie man die Welt verbessern konnte. Aus Bergen und Wäldern hatte er akkurat übersichtliche Felder geschaffen. Die Flüsse, die ursprünglich geflossen waren, wohin sie wollten, hatte er in Kanäle gezwungen, die seine Felder bewässerten. Hätte Kain alle seine Pläne verwirklichen können, es wäre eine bequeme, praktische Welt ohne Hunger geworden, in der das Überflüssige und Nichtsnutzige keinen Platz mehr gehabt hätte. Doch Gott hatte andere Pläne. In seiner Welt wuchs Unkraut an jeder Ecke, und Tausende völlig nutzlose Tierchen, Vögel und Insekten, die man nicht einmal als Kinderschreck einsetzen konnte, hingen überall in den Bäumen herum.

Kain erkannte auch die Schwächen der Menschen. Auch sie hatten dringend Verbesserungen nötig, allen voran sein Bruder mit seinen Lämmchen, der jede Arbeit auf dem Feld ignorierte und an Kains Pläne und Ideen zur Umgestaltung der Welt nicht glaubte. Dazu kam dann noch, dass Gott sein Opfer verschmähte und das seines Bruders annahm. Vor so viel Ungerechtigkeit wurde Kain schwarz vor Augen, sodass er seinen Bruder tötete. Gott hat dafür seine Nachkommen mit der Flut gestraft. Insofern sind alle heute lebenden Menschen

Nachkommen des dritten Sohns von Adam, der sich nie richtig entscheiden konnte, was tun. Bis heute sind sich die Menschen nicht einig, womit sie sich im Sinne der Schöpfung beschäftigen sollten. Sollen sie trotzdem Ackerbau betreiben oder es doch lieber sein lassen und mit Viehherden umherziehen? Solange sie sich nicht entscheiden können, gehen sie angeln.

Aram war in seinem früheren Leben zu Zeiten der Sowjetunion als Gärtner tätig. Er interessiert sich mehr für Bäume als für Tiere, vor allem für seinen Familienstammbaum, der ja angeblich bis zu Adam und Eva zurückreichte. Als wäre das nicht Ehre genug, behauptete er mir gegenüber auch noch mehrmals, den berüchtigten Baum der Erkenntnis in seinem Garten zu besitzen. Aram erzählte, nachdem der erste Mensch mit seiner Frau unerlaubt vom Baum der Erkenntnis genascht hatte, wären nicht nur die Menschen, sondern auch die Bäume aus dem Paradies vertrieben worden. Allen voran der Baum der Erkenntnis. Auf der Erde haben die Bäume Wurzeln geschlagen, doch mit ihren Kronen streben sie direkt in den Himmel, als wären ihre Zweige ebenfalls Wurzeln, die sich am Himmel festmachen wollten.

Bäume sind unsere letzte Hoffnung, sie halten Himmel und Erde zusammen. Allen voran der vertriebene Baum der Erkenntnis. Ihn hatte Noah nach der Flut auf dem Berg Ararat zur weiteren Vermehrung eingepflanzt.

Mit der Zeit hatte sich der Baum der Erkenntnis mit dem wilden Wein des Ararats vermischt, woraus dann eine neue Pflanze entstand: die sogenannte Weinrebe der Erkenntnis, wie mein Nachbar sie nannte. Aram hatte als junger Gärtner in den Fünfziger- und Sechzigerjahren mehrmals an die sowjetische Akademie für Agrarwissenschaften und an ihren Direktor, den Akademiker Lyssenko, persönlich geschrieben, um ihn auf diese wichtige Pflanze, den direkten Nachfahren vom Baum der Erkenntnis, hinzuweisen. Doch die sozialistische Agrarwissenschaft ließ die Weinrebe der Erkenntnis links liegen. Sie hatte damals andere Prioritäten. Wenn Aram geschrieben hätte, dass diese Pflanze unglaublich große Früchte mit einem hohem Vitamingehalt hervorbringe oder für die Gesundheit des sowjetischen Volkes ungemein wichtige Heilstoffe enthalte, oder dass man aus ihrem Saft Gummi gewinnen könne, dann hätten sie bestimmt sofort reagiert. Ohne solche Argumente konnte die Akademie jedoch nicht verstehen, wozu der Baum der Erkenntnis gut sein sollte. Sie ignorierten Arams Weinrebe. Und damit jegliche Erkenntnis. Dadurch kamen Gut und Böse im Sozialismus durcheinander, und das hat ihn, den Sozialismus, letzten Endes plattgemacht.

Nach dem Zusammenbruch der Sowjetunion brachen nationalistische Kriege aus. Menschen, die jahrhundertelang gute Nachbarn gewesen waren, konnten einander plötzlich nicht mehr ausstehen. Während des armenisch-aserbaidschanischen Krieges wurde Arams Weinstock beinahe vollständig verbrannt. Die Rebe der Erkenntnis wäre damit für die Menschheit endgültig verloren gegangen, wenn Aram bei seiner Umsiedlung in den Nordkaukasus nicht ein paar Setzlinge mitgenommen hätte. Hier auf dem neuen Boden haben sie schnell Wurzeln geschlagen und geben inzwischen in einem guten Jahr bis zu 200 Liter Wein. Doch entweder hat die Wirkung der Frucht im Laufe der Zeit nachgelassen, oder Gut und Böse haben sich inzwischen so stark angeglichen, als wären sie Zwillinge. Denn selbst nach ein paar Gläsern sind sie nicht auseinanderzuhalten. Man müsste noch viel mehr von dem Wein trinken, um sie unterscheiden zu können.

Heile Welt und die kanadischen
Bärenwürmer

Schon seit ewigen Zeiten versucht mein Freund Alexander, die Gottesschöpfung im Maßstab 1 zu 10 000 000
zu reproduzieren – in seinem Übergangsaquarium in der
Küche. Dort baut er sein eigenes kleines Paradies. Wenn
diese heile Welt fertig ist, wird er sie aus dem Übergangsaquarium herausnehmen und in das richtige, große
und schöne Aquarium im Gästezimmer stellen. Doch wie
ich die Lage einschätze, wird das noch ein Weilchen dauern. Der heilen Welt fehlt es nämlich im Moment noch
an Solidarität unter ihren Bewohnern, an Nachhaltigkeit
in ihrem Umgang mit dem begrenzten Lebensraum, und
soziale Gerechtigkeit will sich im Übergangsaquarium
ebenfalls nicht einstellen. Das ganze Treiben dort erin-
nert an eine unendliche Fressorgie ohne langfristige Zukunftsperspektive.

Das war von Alexander, dem Schöpfer, ganz anderes
geplant. Eine Welt sollte es sein, in der große und kleine

Fische, Pflanzen, Krebse und Muscheln friedlich und glücklich nebeneinanderlebten, ihre Wasserwelt sauber hielten und sich auf der Grundlage gegenseitigen Respekts begegneten, anstatt sich gegenseitig aufzufressen. Der Enthusiasmus des Schöpfers wurde jedoch ständig durch die Verantwortungslosigkeit der Aquariumsbewohner auf die Probe gestellt. Was tun? Fische sind keine Plüschtiere, sie schlucken einander eben gerne, auch wenn manche eigentlich Vegetarier sind. Das tun sie aus Lust, etwas Neues auszuprobieren, oder aus Neugier, um festzustellen, ob ihnen der Nachbar überhaupt ins Maul passt.

Zuerst dachte mein Freund, er müsse bloß die richtigen Arten zusammenfügen, diejenigen nämlich, die sich gut vertrugen. Schnell merkte er aber, dass auch bei den friedlichsten Arten unterschiedlich gefräßige Mitglieder diese heile Welt unterschiedlich belasteten. Daraufhin beschloss er, seine Unterwassergemeinschaft nicht einfach aus bestimmten Arten, sondern aus ausgewählten Individuen zusammenzustellen. Er fahndete nach Fischen mit herausragenden persönlichen Eigenschaften, so wie ein guter Hotelmanager sich in langen Gesprächen mit vielen Bewerbern sein Traumteam zusammenstellt. Mein Freund suchte nach Fischen mit einwandfreiem Charakter. Doch auch Fischcharaktere verderben mit der Zeit. Die Fischgemeinschaft ist genauso launisch wie die menschliche. Manchmal gingen Paradies-Bewohner schlecht gelaunt in die Nacht, und am nächsten Morgen vermisste der Schöpfer alle kleineren Mitglieder seines Projektes. Am Ende jeder Schöpferwoche sah die heile Welt erbärmlich und leer aus. Nur irgendwo in der Mitte hing häufig ein einzelner Fisch im Wasser, der deutlich größer geworden war, als er laut Wikipedia sein durfte. Und hinter einem Stein lag eine verängstigte Crevette, die sich so toll versteckt hatte, dass sie sich nicht einmal mehr selbst finden konnte.

Als Schöpfer einer gerechten Welt gescheitert stand mein Freund mehrmals am Rande eines Nervenzusammenbruchs und war kurz davor, sein Aquarium zu verkochen, den ganzen Mist wegzuschmeißen und die Möglichkeit der heilen Welt zu vergessen. Doch sein Schöpfungsenthusiasmus brach immer wieder durch. Er trieb ihn dazu, doch noch einmal von vorne zu beginnen. Also ging er in der *Aqua Welt* shoppen, denn jede neue Welt brauchte ihre Adams und Evas. Und die sind nicht billig.

Ich begleitete ihn, blieb aber beim Angelbedarf hängen. Ich hatte nämlich meine eigenen Pläne. Ich wollte im Glücklitzer See endlich als Angler Erfolg haben und mit neuen, noch nie da gewesenen Ködern die Brandenburger Fische überrumpeln. Ich hatte schon vorsorglich eine neue supermoderne Angel ins Haus eingeschleust, trotz der Proteste der Kinder, die pazifistisch gesinnt behaupteten, man solle keine Fische foltern. Mir fehlte nur noch der richtige Köder. Worauf konnten Brandenburger Fische Appetit haben? So wie ich die Gegend und ihre Bewohner kannte, würde ich sagen: auf nichts. Im Anglerbedarf waren kanadische Bärenwürmer im Sonderangebot, so rot und so fett, dass jeder Angler beim Anblick dieser Würmer mit Sicherheit Appetit bekommen hätte, von Fischen ganz zu schweigen. Allerdings konnte sich der Geschmack der Brandenburger erheblich von dem der restlichen Welt unterscheiden. Ich kaufte deswegen nur eine kleine Packung zur Probe. Der Schöpfer kaufte ebenfalls welche – für seine Adams und Evas, um weitere Experimente mit ihnen durchzuführen

Wir gingen zur Bushaltestelle. Die Sonne ging langsam unter, und ich beeilte mich, weil ich unbedingt am selben Tag noch den ersten Kanadier ins Brandenburger Wasser werfen wollte. Auch der Schöpfer war aufgeregt. Er stand kurz davor, wieder eine neue Welt zu erschaffen.

»Schau dir diese durchtrainierten Pobacken an«, rief er mir ins Ohr. Vor uns an der Bushaltestelle stand eine hübsche, etwas mutig angezogene Brünette in Leggings aus Latex, die sich wie eine Schlangenhaut an sie schmiegten und bestimmte Teile ihres Körpers im Straßenbild stark hervorhoben.

Statt auf die Brünette zu schauen, sah ich hinter dem

Rücken meines Freundes den Bus heranfahren. Um ein Haar wäre Alexander unter die Räder gekommen. Im letzten Moment zog ich ihn von der Fahrbahn. Adam und Eva im Glas erlitten einen gewaltigen Schock und sahen schon jetzt psychisch schwer angeschlagen aus. Beinahe wäre das Glas zersprungen und die neue Welt zu Ende gewesen, noch bevor sie angefangen hatte.

»Du musst aufpassen!«, schrie ich dem Schöpfer ins Ohr. »Du kannst nicht auf jede Frau in Leggings losschießen, ohne die Verkehrsregeln zu beachten. Bedenke, was für eine Verantwortung du trägst. Ohne dich wäre deine Welt verwaist. Was sollen die Fische dann tun? Woran sollen sie glauben? Unser Gott ist tot, vom Bus überfahren. Und seine letzten Worte waren ›Schau dir diese durchtrainierten Pobacken an.‹ Nein, werden die Fische denken, mit einem solchen Gott hätten wir sowieso keine Chance gehabt, und sie werden sich aus Frust selbst auffressen.« Wir stritten und spotteten noch eine Weile. Nach Glücklitz kamen wir erst am nächsten Tag.

Am frühen Morgen in Brandenburg am See stehend experimentierte ich endlich mit den kanadischen Würmern. Um mich nicht zu blamieren, warf ich für alle Fälle die Angel an einer abgelegenen Stelle des Sees aus, wo es keine anderen Angler gab. Wie ich es mir schon gedacht hatte, ließen sich die Brandenburger Zeit. Entweder war der Kanadier für sie zu exotisch oder einfach zu groß. Der Wurm hatte auch unglaublichen Widerstand geleistet, er wollte weder oral noch rektal an den Haken. Lange Zeit mühte ich mich vergeblich mit ihm ab. Der Kanadier presste seinen Schließmuskel zusammen und wurde hart wie Stein. Ich schwitzte mit dem Wurm in den Fingern und musste dabei ständig an die gestrige Brünette von der Bushaltestelle denken. Nur wenn ich zu dem Wurm etwas auf Russisch sagte, ließ er locker. Offensichtlich wirkte Russisch beruhigend, gar erotisierend auf den Kanadier. Er entspannte sich. Doch unter Wasser brachte er sich wahrscheinlich gleich wieder in militante Stellung, denn die Fische mieden uns. In drei Stunden fing ich nur einen einzigen.

Wäre es ein kleiner Fisch gewesen, hätte ich ihn sofort wieder ins Wasser geworfen und wäre lieber ganz ohne Beute zurück nach Haus gekommen. Doch der Fisch war schön und glitzernd, vielleicht etwas zu klein für ein ganzes Abendessen, aber zum Angeben genau richtig. Ich nahm ihn mit ins Haus, legte ihn auf einem Teller auf den Tisch und ging erst einmal meinen Nachbarn besuchen, um über die Kanadier zu lästern. Als ich zurückkam, war der Fisch weg, aber meine Familie stand vollzählig versammelt im Wasser. In der Zwischenzeit hatte sich Folgendes ereignet: Der Fisch war von den Kindern entdeckt worden, die ihn sofort mit an den See genommen und ihn ins Wasser zurückgeschmissen hatten. Nun lag er mit dem Bauch nach oben auf dem Wasser und gab kein Lebenszeichen von sich.

»Wir müssen ihn ein wenig schubsen, damit er wieder zu sich kommt«, meinte meine Tochter Nicole und schickte ihren Bruder zurück ins Haus, um die Angel zum Schubsen zu holen. Die Angel war zum Schubsen jedoch schlecht geeignet. Eine Minute später schwamm sie ebenfalls im Wasser neben dem Fisch. Sebastian schleppte daraufhin eine Schaufel an, um damit die Angel einzufangen. Dabei verlor er das Gleichgewicht, die Schaufel fiel ins Wasser und Sebastian hinterher. Wenig später fiel Nicole beim Versuch, ihren Bruder ans Ufer zu holen, ebenfalls ins Wasser. Ich hätte mich nicht gewundert, wenn an diesem Punkt der Fisch aufgewacht wäre und sich ans Ufer gerettet hätte. Doch in unserer heilen Welt haben Fische keine Pfoten. Der Brandenburger kam langsam zu sich, drehte sich im Wasser und tauchte in die Tiefe ab. Die Kinder krabbelten aus dem See, nahmen die Angel und liefen ins trockene Haus. Nur die Schaufel blieb im Wasser stehen.

Die vielfältige Tierwelt Brandenburgs

Auf unserer brandenburgischen Insel der Glückseligen ist Langeweile ein Fremdwort. Man kann hier unendlich lange auf der Terrasse sitzen und in den Himmel starren. Irgendein Vogel fliegt immer vorbei. Die Gänse und Enten Brandenburgs trainieren im Sommer ihre Flügel, damit sie es später, wenn es kälter wird, nach Afrika schaffen. Dort wiederum trainieren die Singvögel ihre Gesangskunst, um später in Brandenburg alle mit ihrem Trillern zu verzaubern. Selbst die Nachtigall kann nämlich nicht von Geburt an schön singen. Als kleines Küken verhaspelt sie sich ständig und trifft nie den richtigen Ton. Deswegen werden die Nachtigallen in Afrika als »Hustvögel« verspottet. Erst, wenn sie richtig singen gelernt haben, fliegen sie nach Europa.

Es gibt aber in Brandenburg auch noch eine andere Art von Vögeln, die weder weit fliegen noch gut singen können. Und trotzdem versuchen sie beides die ganze Zeit. Einer dieser Vögel sitzt bei uns im Garten, gut versteckt hinter der alten Pappel, im Busch. Ich habe ihn noch kein einziges Mal gesehen. Aber ich weiß, er ist immer in der Nähe, stets bereit, mich mit seinem Gesang zu überraschen. Als ich ihn zum ersten Mal gehört habe, habe ich mich beim Essen verschluckt. Es klang, als hätte eine Zahnbohrmaschine lachen gelernt. Ich war verblüfft über dieses Spielchen der Natur. Nach allem, was ich über Vögel wusste, sollte das hässliche Lachen aus dem Busch rein theoretisch Weibchen anlocken – zum Zwecke der Vermehrung von Zahnbohrmaschinen. Bloß welches Weibchen kann sich von diesem teuflischen Geräusch angezogen fühlen? Meine Phantasie malte mir das Weibchen als einen kleinen Feuer spuckenden Drachen aus.

Bereits im Frühling hatte die Bohrmaschine ihre Arie des Herzeleids begonnen. Den Sommer hindurch hat sie uns dann mit ihrer kompletten Oper terrorisiert. Bald ist Herbst, der Drache ist aber anscheinend noch immer nicht gekommen. An manchem Sommerabend betete ich die heidnischen Götter Brandenburgs an, sie mögen den Drachen schnellstens vorbeischicken, damit die Bohrmaschine aus dem Busch endlich ihren Sex haben und ich in Ruhe schlafen konnte. Meine Gebete waren vergeblich. Die heidnischen Götter Brandenburgs waren bestimmt in jeder Hölle gewesen und hatten überall herumgefragt, aber keinen Drachen gefunden, der bereit gewesen wäre, freiwillig in den Busch zu fliegen.

Mein in Vogelkunde erfahrener Nachbar Mathias meinte, die Bohrmaschine hieße in Wirklichkeit Ziegenmelker, ein Vogel, der nach altem Aberglauben zwei Arten von Gesang kennt. Entweder lacht er höllisch, dann verschlucken sich die Menschen beim Trinken und die Würste verbrennen in Sekundenschnelle auf dem Grill. Doch manchmal wird der Ziegenmelker auch melancholisch – vom zu langen Warten –, dann weint er. Dagegen wäre sein Lachen ein Witz, meinte Mathias. Wenn der brandenburgische Ziegenmelker weint, bekommen alle Menschen Gänsehaut und unerträgliches Kopfweh, die Sonne wechselt ihre Farbe mit dem Mond, und die Erde bleibt auf ihrer Achse stehen.

Ich glaubte Mathias sofort aufs Wort, denn er hat wahrscheinlich, obwohl verheiratet und Vater von drei Töchtern, mehr Zeit mit Vögeln und Tieren als mit Menschen verbracht. Mathias war ebenfalls kein geborener Glücklitzer, sondern ein Zugezogener aus Bayern, wo er aber auch nur ein Zugezogener gewesen war. Das Ende des vorigen Jahrhunderts, der Fall des Sozialismus, hatte große Menschenmassen in Bewegung gesetzt. Viele waren von Ost nach West und von West nach Ost gegangen in der Hoffnung auf ein besseres Leben oder aus Angst, das alte schlechte würde zurückkommen. Ein Glück, dass sich die ängstlichen und die hoffnungsfrohen nicht gegenseitig niedergetrampelt haben. Mathias hatte ursprünglich in einem Zoo in Cottbus als

Elefantenpfleger gearbeitet. Er hatte schon als Kind von Elefanten geträumt und wollte sie wenigstens ein Mal sehen und berühren. Im Cottbuser Zoo konnte er das dann jeden Tag.

Nach dem Fall der demokratischen Republik war der Tierpark wie fast alle ostdeutschen Betriebe von der Treuhand restrukturiert, zermalmt und abgewickelt worden. Die besten Teile, in seinem Fall Papageien und Affen, wurden preiswert an westdeutsche Interessenten vermittelt. Der langweilige Rest – Ziegen, Ponys und Mitarbeiter – wurde entlassen und in die große weite Welt geschickt. Die Ziegen wurden von Bauern aufgenommen, die Ponys landeten auf einem Kinderreiterhof, aber der Rest der Tiere stand quasi auf der Straße. Sie schafften den Sprung in die neue wunderbare kapitalistische Tierwelt nicht. Vor allem große ältere Tiere, die besonders viel Futter brauchten und lange lebten – all die Bären, Tiger und Elefanten –, gerieten zum Kollateralschaden der Wiedervereinigung. Mathias erzählte mir immer noch erschrocken von der damaligen Situation, wie es war, als beinahe täglich Menschen in Cottbus aufkreuzten, die ihre Elefanten abgeben wollten. Elefanten leben fast so lang wie Menschen und werden im Durchschnitt sechzig Jahre alt. Sie sind Vegetarier und essen gern exotische Früchte wie zum Beispiel Bananen. Die Ostdeutschen aßen zumindest in den ersten Jahren nach der Wiedervereinigung ebenfalls gerne Bananen. Es hätte für die Elefanten nicht auch noch gereicht.

Obwohl so viele Jahre vergangen sind, hat Mathias alle Tiere von damals samt ihren Namen noch gut in Erinnerung. Manchmal würde er noch heute von ihnen träumen, erzählte er mir, und davon, dass irgendwelche wildfremden Menschen nun bei ihm in Glücklitz anklopften und Elefanten abgeben wollten. Im Traum erklärt er den Leuten, er sei schon längst in Rente und habe die Kraft nicht mehr, sich um so große Tiere zu kümmern. Außerdem gäbe es nicht genug Platz auf seinem Hof. Draußen stünden Autos, die Elefanten würden den Verkehr beeinträchtigen. Im Traum stritten die Leute nie mit ihm, sie hatten volles Verständnis und gingen mit ihren Elefanten weiter in den Wald.

Es gibt im Übrigen in der Nähe von Glücklitz tatsächlich und nicht im Traum einen von einem pensionierten Zirkus- oder Zoodirektor gegründeten und geführten Verein, in dem obdachlose Elefanten in Ruhe alt werden dürfen. Brandenburg hat einfach alles – ein Heim für Elefanten und auch ein Heim für Braunbären, die komischerweise keinen Winterschlaf halten, sondern sogar im Winter am Straßenrand sitzen, in der Nase bohren und über die vorbeifahrenden Autos schimpfen.

Ich habe mich immer schon gefragt, wie es Noah damals in der Arche geregelt hat, als er von jedem Tierchen ein Paar mit an Bord nahm? Wie hat er es nur geschafft, dass sich all diese Lebewesen nicht gegenseitig aufgefressen haben? Den Gesetzen der Natur zufolge sollten doch die Wölfe und die Lämmer Schwierigkeiten haben, über eine längere Zeit friedlich im gleichen Raum zu wohnen. Wenn man in einer solchen Lebensgemeinschaft dafür sorgen wollte, dass alle Wesen gut gedeihen, musste man eine Menge Ersatzlämmchen an Bord haben. Immer wieder versuchen die Menschen, hier und da eine neue Arche zusammenzustellen, und je übersichtlicher die Gegend, umso mehr Chancen auf Erfolg. Brandenburg ist ein solcher Ort, in dem alles Mögliche nebeneinander wächst und gedeiht. Auch die Menschen stören einander wenig, die Bauern und die Hells-Angels-Motorradfahrer, die Kaminfeger und Künstler, Angler und Jäger, Blumenzüchter und Elefantenpfleger. Es gibt hier Katzen und Hunde, Strauße und Pferde, Fische und Krokodile. Letztere habe ich noch nicht getroffen, aber sie verstecken sich bestimmt irgendwo. Ich habe in der regionalen Zeitung nämlich von einer pleitegegangenen Krokodilfarm gelesen, die, um Kosten zu sparen, ihre kälteresistenten Tiere in einem See bei Neuruppin ausgesetzt hat.

Mathias wartete damals nicht auf das Ende seines Zoos, er bewarb sich im Westen, wie es damals viele taten. Dazu inserierte er in der Fachzeitung »Der Tierfreund«. In derselben Ausgabe, in der seine Annonce veröffentlicht wurde, stand eine Ausschreibung für eine freie Stelle als Tierheimleiter in Südbayern. Er bewarb sich sofort. Die für bayerische Verhältnisse recht dürftige Bezahlung kam ihm, dem ostdeutschen Elefantenpfleger, üppig vor. Beide Seiten waren glücklich, und Mathias wurde zum Leiter eines nagelneuen, gerade eingerichteten Tierheims.

Nicht nur die Menschen in Bayern waren anders, auch die Tiere hatten dort einen eigenen Charakter, meinte Mathias. Die bayerischen Hunde wären strenger als die brandenburgischen erzogen, drehten aber öfter durch. Die Wellensittiche seien nicht so ängstlich, dafür jammerten die Katzen mehr. Das Tierheim hatten die ordentlichen Bayern gebaut, um Bürgern die Möglichkeit zu geben, jederzeit die ihnen unliebsam gewordenen, alten oder kranken Tiere abzugeben. Es gab aber auch Bürger, die umgekehrt Tiere aus dem Tierheim holten. In der Regel nahmen die ruhigsten, liebevollsten Bürger die wildesten Tiere auf. Katzen, die wie Hunde bellten, oder Hunde, die schon fünf Jogger auf dem Gewissen hatten, kamen gut mit alten einsamen Frauen klar, meinte Mathias.

Nach fünfzehn Jahren in Bayern war es für ihn Zeit, zurück nach Brandenburg zu gehen. Zusammen mit seiner Frau suchte er ein paradiesisches Plätzchen im Osten. Es sollte nahe am Wasser und nicht allzu weit vom Wald entfernt sein. Durch Zufall kamen sie nach Glücklitz und bauten sich erst einmal ein kleines Häuschen, das aber jedes Jahr größer und gemütlicher wurde. Im Alter entwickelte Christine, die Frau von Mathias, eine Tierhaarallergie. Deswegen haben sie statt der Tiere eine Stickmaschine gekauft und eine Stickerei aufgemacht. Nun gibt es bei ihnen gestickte Tierbilder auf Bestellung: Hunde, Pferde und Katzen. Mathias macht die Entwürfe, seine Frau stickt. Nachdem wir uns kennengelernt haben, will die Glücklitzer Stickerei ihr Sortiment demnächst um Russendisko-T-Shirts mit gestickten Sternen erweitern.

Das Leben ohne Tiere fällt meinem Nachbarn nicht leicht. Manchmal geht er extra zu seinem anderen Nachbarn, um dessen Hund Cyrano zu streicheln. Und wenn Mathias bei uns sitzt, kommen alle Katzen aus dem Garten zu seinem Stuhl gelaufen. Sie spüren anscheinend die verwandte Seele.

Die meisten Tiere in unserem Dorf sind normale Haustiere: Hunde, Katzen und Hühner. Nur auf der großen Wiese zwischen der Kirche und der freiwilligen Feuerwehr kann man bei gutem Wetter ein exotisches Trio beobachten. Ein Lama, ein Esel und ein Pony weiden dort. Alle drei sehen aus, als würden sie einander schon eine Ewigkeit kennen. Ich nehme immer ein paar Zuckerstücke mit, wenn ich an der Weide vorbeigehe, denn diese Tiere machen einen etwas traurigen Eindruck – als hätten die Bremer Stadtmusikanten Insolvenz angemeldet und wären McKinsey-Haien zum

Opfer gefallen. Dann wären die besten Musiker der Bremer Stadtmusikanten samt Kleidern und Musikinstrumenten an die Meistbietenden verkauft worden. Der Rest wäre hier auf der Wiese zwischen der Kirche und der freiwilligen Feuerwehr abgesetzt worden.

Ein Lama, ein Esel und ein Pony. Was machten sie bloß hier? Von Mathias habe ich irgendwann erfahren, dass sie einem Reisebüro aus dem Nachbardorf gehörten, das Wandern mit Tieren als Touristenattraktion anbot. Was konnte spannender sein, als in der Gesellschaft von drei vierbeinigen Fluchttieren eine neue Umgebung zu erkunden? Das war natürlich die dekadenteste Art, durch die Welt zu ziehen. Während Touristen in Berlin stundenlang in engen Kneipen und lärmenden Diskos ausharren müssen, um ein paar Freunde zu ergattern, bekamen sie hier in Brandenburg die Freunde gleich vom Reisebüro vermittelt und gingen in einer lustigen Gruppe wandern: ganz vorne ein Lama, dann ein Esel, dann sie und das Pony.

Wenn es nach mir ginge, würde ich jedem Berliner Touristen auch mindestens einen Esel zumuten. Solche Freundschaften können lange halten. Vielleicht melde ich mich demnächst bei diesem Reisebüro und gehe mit dem Esel um Glücklitz herum spazieren. Vielleicht kommen wir zusammen bis nach Linum, einen der berühmtesten Orte in der hiesigen Umgebung. Dieses Dorf ist dafür bekannt, dass im Sumpf hinter dem

Maisfeld jedes Jahr im Herbst ein paar Kraniche zusammenkommen. Linum wurde offiziell zum größten Kranichrastplatz Europas auserkoren, nachdem einmal über 80 000 Vögel gezählt wurden. Jedes Jahr im September geht das Kranichezählen los. Gegen 16.00 Uhr versammeln sich neugierige Menschen vor dem Sumpf, um die an- und abfliegenden Kraniche zu beobachten. Manche kommen auf 100 000, manche zählen noch mehr. Kraniche zählen ist einfach, weil sie in sich ständig wiederholenden geometrischen Figuren ankommen, als Kreuz, Dreieck oder Quadrat. Wenn man weiß, wie viele Kraniche jeweils in einem Dreieck mitfliegen, braucht man diese Zahl nur mit der Anzahl der Figuren zu multiplizieren.

Ich war ebenfalls schon mehrmals in Linum und habe die Vögel fotografiert. Dabei musste ich feststellen, dass Kraniche in Wahrheit gar nicht immer in perfekten Figuren fliegen. Eigentlich so gut wie nie. Stattdessen betreiben sie Himmelsmalerei. Sie schmücken mit ihren Figuren den herbstlichen dunklen Himmel über unseren Köpfen. Darüber hinaus stellte ich fest, dass die Linumer Kraniche bevorzugt auf kubistische, suprematistische Malerei von Kasimir Malewitsch setzten. Sie flogen in schwarzen Dreiecken, Ovalen und Kreuzen in den brandenburgischen Sumpf. Manchmal machten sie seine anderen Bilder nach, sie kannten anscheinend auch den späten Malewitsch.

Einmal bildeten die Kraniche am Himmel sogar ein schwarzes Quadrat. Das Schwarze Quadrat wird oft als Sackgasse der Aufklärung interpretiert. Es soll das Unbegreifliche ausdrücken, die Welt, die sich unserem Verständnis entzieht. In Wirklichkeit ist das Schwarze Quadrat die kinderfreundlichste Einladung in die Welt der Schönen Künste seit Bestehen der Malerei. Es ist beinahe das einzige Bild, das jedes Kind ziemlich genau nachmalen kann. Ich habe als Kind und Jungpionier in der Schule ständig Quadrate gemalt. Schwarz war neben Grün meine Lieblingsfarbe, und ich wurde in der Klasse als »Malewitsch« gehänselt.

Diese geheimnisvollen Kraniche faszinierten mich mehr als die brandenburgischen Elefanten und Krokodile. Warum haben sie sich ausgerechnet diesen Sumpf hinter Linum als Heimat erkoren? Die Vögel kannten doch keine Grenzen, sie genossen absolute Freiheit. Sie hätten genauso gut in London, Paris oder New York bleiben können. Mal angenommen, ihnen gefiel es hier in diesem kalten nebligen Sumpf besonders gut. Aber, liebe Kraniche, fliegt doch ein wenig herum! Halb Deutschland besteht aus solchen nebligen Sümpfen. Den Neugierigen vor Ort wurde erklärt, die Kraniche würden hier für ihren letzten Abflug nach Afrika trainieren, schon bald würden sie in wärmere Gebiete weiterziehen. Doch die Einheimischen wussten, diese Kraniche zogen nirgendwohin, obwohl sie fleißig trainierten.

Sie flogen nicht nach Afrika, nicht einmal nach Spanien mochten sie. Früher, im vorigen Jahrhundert, hätte es sich vielleicht noch gelohnt, angesichts der hierzulande drohenden Kälte so weit zu fliegen. Später, mit Beginn der globalen Erwärmung, gingen manche deutschen Kraniche zumindest noch für kurze Zeit nach Spanien und hinüber nach Ibiza. Inzwischen kamen sie aber gar nicht mehr richtig vom Fleck. Sie taten nur noch so, als würden sie bald abfliegen. In Wirklichkeit gaben sie jeden Abend fünf obligatorische Kreise um ihren Sumpf, flogen mit lautem Gackern über mein Haus in Glücklitz, präsentierten mir die letzten Phasen der künstlerischen Entwicklung der Malerei des vergangenen Jahrhunderts, schrien »Malewitsch forever« und flogen zu ihrem Sumpf nach Linum zurück.

Unser Schwanensee

Jedes Mal, wenn wir zum Garten rausfahren, mache ich als Erstes einen Kontrollrundgang, um nachzuprüfen, ob noch alles beim Alten ist. Die Fische im Teich, das Gras auf der Wiese, die Pflanzen, die Löcher der Maulwürfe, die Katzen, das Brennholz. Zuletzt schaue ich nach, ob mein Nachbar, Herr Köpke, noch da ist, beziehungsweise, ob der Adventskranz an seinem Küchenfenster leuchtet. Bei Herrn Köpke leuchtet der Adventskranz nämlich nicht nur zur Weihnachtszeit, sondern das ganze Jahr über. Ich habe mich nie getraut, nach dem Grund dafür zu fragen. Vielleicht hat ihm die Lichterdekoration beim Aufhängen vor dreißig Jahren so gut gefallen, dass er sie nicht mehr abnehmen wollte.

Brandenburg ist übrigens die Heimat des Weihnachtsmannes. Eine ehemalige Nachbarin von uns aus dem Schrebergarten, die ebenfalls aufs Land, nach Himmelpfort, gezogen ist, besuchte uns einmal in Glücklitz und erzählte, der Weihnachtsmann persönlich würde in ihrem

Dorf leben und in Wirklichkeit Uwe heißen. Vielleicht hat
der Weihnachtsmann Uwe Herrn Köpke den Kranz geschenkt und gesagt, wehe, du machst ihn wieder ab!

Abends, wenn es dunkel wird, gehe ich durch das
Dorf spazieren, bis zur Kirche und zurück. Die Straßen hier haben keine elektrische Beleuchtung, man
ist auf das Licht der Fenster am Weg angewiesen und
darf nicht von der bekannten Route abweichen: Zwei
Schritte nach links und man ist für immer im Busch
verschwunden. Auf dem Rückweg benutze ich Herrn
Köpkes Adventskranz als Leuchtturm.

Trotz der fehlenden Straßenlaternen und Fußgänger hat das Dorf sehr gute Augen. Es gelingt einem selten, über die Straße zu schlendern, an fremden Häu-
sern vorbei, ohne Aufsehen zu erregen. Ein Paradox:
Die Augen des Dorfes sind scharf, während die Augen
der Großstadt blind sind. Das Phänomen der Großstädte ist jung, die Menschen haben es noch nicht richtig drauf, in der Menge zu leben und andere Menschen
nur als fremde Rücken in der Straßenbahn wahrzuneh-
men. Tausende von Jahren waren Menschen Gartenwe-
sen und lebten in kleinen Kommunen und Gemeinden,
wo jeder jeden kannte. Man wusste, was man von seinem Nachbarn links oder rechts zu erwarten hatte. Von
der Geburt bis zum letzten Atemzug verbrachte man
sein Leben in der Öffentlichkeit. Deswegen lesen sich
die alten Bücher, beispielsweise das Alte Testament,

zum großen Teil wie eine Familiensaga, in der sehr aufwendig berichtet wird, wer mit wem zusammenkam, welches Kind dabei gezeugt wurde, und was aus diesem Kind später geworden ist.

Erst mit der Industrialisierung entstanden die Großstädte und damit die Möglichkeit, sich in der Masse zu verlieren, sich hinter den Mauern und Wänden kleiner Wohnungen vor den Nachbarn zu verstecken, die Fenster zu schließen und schwere Gardinen aufzuhängen, damit niemand mitbekam, was hinter diesen Gardinen los war. In der Großstadt kommen die Menschen mit Neuem und Unbekanntem klar, für sie ist schließlich jeder Tag und beinahe jeder Fußgänger neu und unbekannt. Auf dem Land wehren sich die Menschen dagegen mit Händen und Füßen gegen alles Neue, seien es Eisenbahn, Flugplatz oder Schweinefarm. Das Neue wird als Angriff auf bereits Bestehendes begriffen.

Glücklitz wehrte sich bislang gegen alle derartigen Angriffe. Egal mit welchen Vorschlägen die Außenwelt nach Glücklitz kam, die Glücklitzer waren immer dagegen. Die Russendisko war eine Ausnahme. Für diesen Spaß waren sie zu haben. Aber jeder andere Versuch, die Idylle des Landlebens zu stören, scheiterte bis jetzt. Einmal wollte ein Tierzüchter aus Dänemark in der Nähe des Glücklitzer Sees eine Schweinemastfarm für 50 000 Schweine errichten. Er versprach, die Natur nicht nachhaltig zu schädigen und nur ökologische

Schweine zu mästen. Die Glücklitzer liefen dennoch Sturm gegen das Projekt. Sie sammelten Unterschriften gegen die »Schweineheuschrecken des dänischen Kapitals«. »Wir sind friedliche und geduldige Menschen«, schrieben die Glücklitzer in einem offenen Brief an die Bezirksverwaltung, »doch wenn 50 000 Schweine täglich an einem Ort koten, sitzen wir tief in der Scheiße. Ganz egal wie ökologisch sie es tun, es wird trotzdem eine Menge von hochgiftigem Zeug anfallen, das außerdem noch schlecht riecht. Wir werden nicht zulassen, dass unsere kleine heile Welt untergeht.«

Mit der Zeit wurden immer neue Argumente gegen die Schweine des Kapitals ins Spiel gebracht, die sich in immer strengere Auflagen für die Farm verwandelten, bis der dänische Schweinekapitalist nachdenklich wurde. Bei so viel Widerstand überlegte er es sich schließlich anders und zog mit seiner Farm weiter in die Steppe nach Mecklenburg-Vorpommern, wo die Menschen träge und nicht so leicht aus der Fassung zu bringen sind. Wegen ein paar Schweinchen machen sie dort keinen Aufstand.

Doch die Außenwelt wollte Glücklitz nicht in Ruhe lassen. Kaum war der Angriff der Schweine abgewehrt, kamen die Technotänzer. Ein windiger Geschäftsmann wollte seine berühmten Technopartys auf einer Glücklitzer Wiese veranstalten, zwischen Wald und See. Die Party sollte als Geheimtipp in der Szene für großes Aufsehen sorgen. Auf krummen Wegen hatte der Veranstalter sogar eine amtliche Erlaubnis für sein Konzept bekommen. Drei Tage und drei Nächte durfte man nun tanzen bis zum Umfallen, zwischen Sonne, Wasser und Gras am Ende der Welt neben der Ziegelsteinruine, wo es keine Polizei und keine Nachbarn gab, die einem ständig die Musik leiser drehen wollen. Tausende Raver aus dem ganzen Land wurden zu dem Event erwartet. Der aber wurde aus technischen Gründen vorzeitig abgebrochen, denn gleich in der ersten Nacht fuhr der von Herrn Köpke und den anderen Dörflern engagierte Landwirt aus dem Nachbardorf um vier Uhr früh auf einem Traktor mit Anhänger um den Geheimtipp herum und verteilte zwei Tonnen Gülle, die bestialisch stank. Die Musikliebhaber hatten keine Gasmasken, sie waren auf eine solche Entwicklung nicht vorbereitet gewesen und ergriffen die Flucht. Zurück blieben viele leere Cola- und Jägermeister-Fläschchen – angeblich das Lieblingsgetränk der Technoszene – sowie viele gefährliche Piercingteile im Gras. Ich habe mich zwei Monate später auf der Wiese an der Ferse geschnitten, weil ich in ein verlorenes Piercingteil getreten war.

Für die größte Unruhe im Dorf sorgte aber das Projekt der Verschönerung der sogenannten Glücklitzer Allee, der einzigen Straße, die nach Glücklitz führt. Diese Allee war sehr eng, kurvig und voller Löcher. Autos konnten hier nicht einfach aneinander vorbeifahren, eines musste immer ausweichen. Ich bin stets davon ausgegangen, dass diese Straße extra nicht repariert und in möglichst schlechtem Zustand gehalten wurde, damit keine Raser durchs Dorf fuhren. Viele Autofahrer, die nach Brandenburg kommen, denken, dies sei nun die Prärie, und fahren wie die Verrückten. Die Dorfbewohner haben sogar selbst in Handarbeit eine Art Verkehrsschild angefertigt, ein rundes, grün bemaltes, mit Blümchen und Kindern dekoriertes Zeichen, auf dem klar und deutlich steht »Glücklitz wählt 30!«. Doch viele Raser und Motorradfahrer pfeifen darauf, was Glücklitz wählt. Trotz ihrer Fahrweise sind die Raser nämlich leider intelligent genug, um handgemachte Verkehrsschilder von amtlichen zu unterscheiden.

Offiziell gilt die Glücklitzer Durchfahrtsstraße als »Allee«, man darf sie mit 80 km/h passieren, und wenn man am ersten Haus vorbeifährt, ist der Bremsweg länger als das ganze Dorf. An manchem sonnigem Wochenende kommen ganze Kolonnen von Motorradfahrern vorbei, und mit den Jahren werden es immer mehr. Auf ihren fetten lauten Fahrzeugen summen sie wie hungrige Bienen durch die Gegend, bis die Hunde heiß werden und die Hühner am Eierlegen verzweifeln. Und jetzt sollte zu allem Unglück auch noch die Glücklitzer Allee breiter und platter gemacht werden.

Wie weit kann ein kleines Dorf gehen, um sich gegen die laute, stinkende Außenwelt zu wehren? Die Unabhängigkeit der kleinen Kommunen hängt in Deutschland immer an einem seidenen Faden. Wird eine kleiner, als die Polizei erlaubt, wird sie quasi automatisch in eine größere eingemeindet. Die Gefahr der Eingemeindung hängt schon lange über den Glücklitzer Gärten. Die größeren Kommunen mit den slawisch klingenden Namen im Umkreis des Dorfes würden Glücklitz gerne schlucken, zumal sie alle aus Tradition verschuldet sind und Glücklitz nicht, weil die Glücklitzer sehr sparsame Menschen sind, schon weil sie sich nicht entscheiden können, was sie wollen. Das Dorf ist in den letzten Jahren kleiner und der Friedhof etwas größer geworden. Es ist also nur eine Frage der Zeit – früher oder später wird Glücklitz eingemeindet werden. Dann ist das Geld, das Glücklitz über Jahre hin sparte, für immer futsch. Das Bezirksamt machte den Glücklitzern daher bereits klar, dass es genau jetzt höchste Zeit wäre, das Geld auszugeben, es für etwas Sinnvolles zu verbrauchen, zum Beispiel für die Verbesserung der Straße, also der Glücklitzer Allee, die über fünf Kilometer bis zum nächsten Dorf führte.

Die Glücklitzer waren bei dieser Entscheidung zutiefst gespalten. Zum einen wäre es gar nicht schlecht, eine bessere Straße zu haben, denn jeder Dorfbewohner nutzte sie beinahe täglich, um einzukaufen oder zur Arbeit zu fahren. In ihrem bisherigen Zustand macht die Allee aus jedem Auto Schrott. Andererseits hatten die

Glücklitzer Angst, die Verbesserung und Verbreiterung der Straße würde noch mehr Raser und Motorradfahrer ins Dorf locken. Bis zuletzt zeigten sich die Glücklitzer unentschlossen. Die Einwohner, deren Fenster direkt auf die Glücklitzer Allee gingen, fingen an, Unterschriften gegen den Ausbau zu sammeln. Die Einwohner, deren Fenster zum See oder zum Wald gingen, unterschrieben dagegen nicht. Am Ende setzten sich alle Parteien an einen runden Tisch und handelten wie in Deutschland üblich einen Kompromiss aus, der allen nutzen sollte. Die Straße wurde repariert, schicker und breiter gemacht, aber nur bis zur Hälfte. Auf diese Weise wurden zwei Fliegen mit einer Klappe geschlagen. Zum einen gab man das Geld der Kommune für einen guten Zweck aus, zum anderen war die natürliche Barriere, die Raser und große Fahrzeuge von Glücklitz fernhalten soll, geblieben. Als ich von dieser Entscheidung erfuhr, konnte ich mir das Gesicht des Motorradfahrers vorstellen, der mitten zwischen Maisfeldern auf einer Allee vor einem großen Loch stehen blieb, in Richtung Dorf blickte und laut in die Stille sagte, was für weitsichtige und kluge Menschen die Glücklitzer doch waren.

Durch die Verbesserung der Straße wurde das Selbstwertgefühl des Dorfes deutlich gehoben. Die zur Hälfte reparierte Allee wirkt gleichzeitig einladend und abweisend. Wer unbedingt nach Glücklitz gelangen wollte, würde es schaffen, die anderen leichtsinnigen Touristen müssten sich mit anderen Sehenswürdigkeiten Brandenburgs begnügen. Meine Gäste haben uns bis jetzt immer gefunden, obgleich sich jeder über die Straße und das Fehlen einer genauen Adresse beschwert. Ich habe jedem Besucher die Kirche als Orientierungshilfe empfohlen und ihn von dort abgeholt. Sie ist das einzige Gebäude in Glücklitz, das von Weitem sichtbar ist.

Viele unserer Berliner Freunde und ehemaligen Schrebergartennachbarn haben inzwischen ebenfalls einen Garten draußen in der Wildnis. Manche haben sich für ein Leben auf dem Land entschieden und sind aus der Stadt ausgezogen. Frau Krause, die Heilerin, Anwältin und Schrebergartenbesitzerin, hatte ein Pferd geerbt. Dieses Pferd passte weder in ihre Wohnung noch in ihren Schrebergarten, sie wollte es aber unbedingt behalten. Also zog sie mit all ihren Tieren, Hunden, Kindern und einem Kanarienvogel, der an den Folgen eines Schlaganfalls litt und deswegen nur nach links fliegen konnte, aufs Land. Sie kaufte auf Kredit ein altes Haus in der Nähe von Bernau und besorgte für ihr Pferd noch eine Stute, damit sich die Tiere nicht langweilten. Wie Amazonen reiten Frau Krause und ihre Tochter nun um Bernau herum und machen die Bevölkerung in der Gegend unsicher.

Eine andere Freundin mit Schrebergartenerfahrung zog, wie gesagt, kürzlich in ein Dorf namens Himmelpfort. Dorthin schicken alle Kinder Deutschlands und sogar manche Erwachsene ihre Wunschzettel für den Weihnachtsmann. Die Freundin erzählte uns, ihr ganzes Dorf stecke ganzjährig in einer ehrenamtlichen Arbeitsbeschaffungsmaßnahme – es beantworte die an den Weihnachtsmann gerichteten Briefe. Natürlich könnte man diese Arbeit automatisieren und einen Roboter oder noch besser ein Computerprogramm damit beauftragen. Dann würden die Kinder immer die gleiche korrekte Antwort vom Weihnachtsmann bekommen:

»Liebes Kind, vielen Dank für Deine Anfrage, bin zurzeit leider nicht im Büro, werde Deine Wünsche bei der ersten Gelegenheit an die Himmelskanzlei weiterleiten. Dein Weihnachtsmann.«

Aber nein, das wäre für die Einwohner von Himmelpfort zu einfach. Die Antworten werden per Hand geschrieben und bei Uwe im *Spätkauf* abgegeben. Uwe ist so etwas wie der Hauptweihnachtsmann des Dorfes. Er hat die einzige Kneipe im Ort, die »Bei Uwe« heißt, dazu das einzige Geschäft – *Uwes Spätkauf* –, und er kontrolliert auch die Weihnachtsmann-Post.

Unsere Freundin hat sich in diese Arbeit bereits integriert, sie erzählt begeistert, wie klug und zukunftsorientiert die meisten Kinderwünsche seien. Wer denkt, Kinder würden sich nur Quatsch wünschen und Süßigkeiten oder Spiele für sich bestellen, der irrt. Mit solchen Kleinigkeiten geben sich Kinder längst nicht mehr zufrieden. Viele von ihnen wollen beispielsweise ewig jung bleiben. Sie bitten den Weihnachtsmann, der Wissenschaft zu helfen, endlich eine Tablette gegen das Altern und den Tod zu erfinden, damit niemand mehr sterben muss. Wenn es zu eng auf der Erde werden sollte, weil niemand mehr stirbt, solle der Weihnachtsmann den Menschen ermöglichen, fremde Planeten zu entdecken, die sich gut zum Leben eignen und Wälder, Seen und Gärten haben. Außerdem soll auf unserem Planeten niemand hungern. Es wäre daher vom Weihnachtsmann ganz vernünftig, wenn er sich auch in dieser Sache etwas einfallen lassen würde, eine Nahrungsart, die einen auf einmal für viele Jahre satt macht beispielsweise.

Was konnte Weihnachtsmann Uwe auf diese Briefe antworten? Was schrieb er an diese Armee hundert Jahre alter Zwölfjähriger, die niemals hungern und sich mit atemberaubender Geschwindigkeit in fremden Galaxien ausbreiten wollen? Nein, lieber in Brandenburg alt werden, statt ewig jung auf einem fremden Planeten, meinte unsere Freundin aus Himmelpfort.

Aus Berlin kommen häufig Frau Müller und ihre drei Freundinnen zu uns auf Besuch. Sie laufen sofort als Erstes Schwäne gucken. Neben der alten Ziegelei am verwilderten Ufer des Glücklitzer Sees haben sich zwei ein Nest gebaut. Ich glaube, sie sind aus dem Nachbardorf geflohen. Dort ziehen jede Woche Touristengruppen vorbei, es gibt drei Seen, und die Gemeinde bemüht sich sehr, die Natur unter Kontrolle zu halten. Überall hat man selbst gebastelte Verbotstafeln in die Landschaft gestellt, um den Menschen klarzumachen, was sie alles nicht dürfen. Die meisten Verbote kreisen um die Themen »Nicht klettern« und »Füttern verboten«. Auf dem letzten Schild ist sehr realistisch ein durchkreuzter Schwan abgebildet.

Die Vögel sind nicht dumm. Selbst wenn sie nicht lesen können, verstehen sie die Zeichen gut. Wahrscheinlich dachten die zwei Schwäne, die gesetzestreuen Deutschen würden sie verhungern lassen, und siedelten zu uns über. Hier stört sie keiner. Und wenn uns Frau Müller mit ihren Freundinnen besuchen kommt, gehe ich mit ihnen Schwäne füttern.

Diese Frauen haben in gewisser Weise ihre Laufbahn selbst als Schwäne angefangen. Frau Müller kennen wir seit bald zwanzig Jahren. Sie ist ungeheuer biegsam und könnte sich, wenn sie es wollte, mit dem großen Zeh des rechten Fußes am Hinterkopf kratzen. Das macht sie natürlich nicht, um die Menschen nicht zu erschrecken. Aber die Grazie, mit der sie sich bewegt, lässt sofort die ehemalige Ballerina erkennen. Auch ihre Freundinnen Stella, Natella und Leila waren Balletttänzerinnen. Sie stammen alle aus der gleichen Stadt, aus Baku, der einstigen Hauptstadt der sozialistischen Republik Aserbaidschan, wo alle vier die Ballettschule besuchten.

Baku war zwar sozialistisch, aber schon damals eine

stark durch die Sitten der Muslime geprägte Region. Männer schätzten bei Frauen nicht in erster Linie die Schönheit oder Fröhlichkeit, die Jungfräulichkeit war ihnen das Wichtigste. Diese Männer hatten von Frauenrechten nie etwas gehört. Jedes Mädchen war verpflichtet, bis zur Hochzeit und auch danach lange Röcke zu tragen und stets zu Boden zu schauen. Es durfte nicht einmal in der Öffentlichkeit lächeln. Wer Zähne zeigte, wurde als Nutte abgestempelt. Es gab keine Diskotheken und keine Klubs, und in den Kinos ging das Licht im Saal niemals aus.

Die Ballettschule, die dem Theater gehörte, war in dieser strengen schwarzen Stadt ein kleiner Tunnel, der zum Licht führte. Frau Müller und ihre drei Freundinnen liebten das Ballett. Sie tanzten jeden Tag nach der Schule auf der großen Bühne des Theaters. Allerdings haben die jungen Frauen es nie zu einer großen Solokarriere gebracht. Die eine war etwas zu mollig, die andere konnte nicht hoch genug springen, bei der dritten waren die Beine vielleicht einen Millimeter zu kurz und bei der vierten die Brüste etwas zu umfangreich. Der Höhepunkt ihrer Karriere war der Tanz der kleinen Schwäne im Schwanensee. Frau Müller war der zweite von rechts.

Auf der anderen Seite der Stadt befand sich die Internationale Akademie der Kriegsmarine. Dort wurden die zukünftigen Marineoffiziere aus den Ländern des sozialistischen Lagers ausgebildet, unter anderen mehrere Deutsche aus der ehemaligen DDR. Die DDR war nicht nur der verlängerte Arm des sowjetischen Regimes, ein Vorposten der Russen in Europa, sie war nebenbei auch ein unabhängiger Staat mit Zugang zum Meer und einer eigenen Kriegsmarine mit schweren Kreuzern, U-Booten und dazugehörigen Kapitänen, die in Baku ihre Ausbildung absolvierten. Am Wochenende saßen die Jungoffiziere ratlos vor ihrer Kaserne und wussten nicht, wohin mit sich. Die Gürtelschnallen glänzten, die Schuhe ebenfalls, die Uniform, die wie angegossen saß, machte besondere Menschen aus ihnen. Von der Leitung der Akademie bekamen sie zwar Ausgang in die Stadt genehmigt, doch die Aussicht, wieder nur allein am Ufer spazieren zu gehen und später in der Kantine Tee zu trinken, war frustrierend. Zum Teetrinken war die Uniform einfach zu schade.

Mehr aus Verzweiflung denn aus Interesse an der Kunst landeten so vier ostdeutsche Offiziere der Kriegsmarine in einer Schwanensee-Aufführung des Balletttheaters von Baku und verliebten sich auf der Stelle in die kleinen Schwäne. Die kleinen Makel der Frauen, die sie an einer Solokarriere auf der Bühne hinderten, gefielen den Offizieren besonders gut. Sie heirateten die vier kleinen Schwäne und nahmen sie mit nach Deutschland. In der DDR wurden die jungen Offiziersfamilien in Bad Sülze einquartiert, einem kleinen Kaff in der Nähe von Rostock. Bad Sülze hatte, wie der Name schon ahnen lässt, nichts mit Ballett am Hut. Das Tanzen gehörte ab sofort der Vergangenheit an, aber die Schwäne zeigten große Tapferkeit. Aus Erfahrung weiß man, dass Frauen sich neuen Lebensbedingungen besser anpassen können als Männer – sie sind flexibler und toleranter. Sie machen weniger Ärger, vielleicht leben sie deswegen auch länger. Die Schwäne suchten also nach einer neuen Arbeit in dieser neuen Welt. Wenige Monate nach ihrer Umsiedlung ging die DDR dann allerdings wie ein abgeschossenes U-Boot für immer unter und fiel auseinander.

Die jungen NVA-Offiziere mussten sich nun ebenfalls einen neuen Job suchen, umschulen und sich an die neuen Anforderungen anpassen. Der eine wurde Polizist, der andere Zollfahnder, der dritte kam als Sicherheitsexperte bei der deutschen Botschaft in der Ukraine unter, und der vierte wurde Fähnrich bei der Bundeswehr. In den Irrungen und Wirrungen dieser postsozialistischen Zeit, in der alle alten Werte vermischt wurden und man neu definierte, wen man füttern und wohin man klettern durfte, zerbrachen viele Familien. Man hatte das Gefühl, die ganzen Verpflichtungen und Zugeständnisse von früher zählten nichts mehr. Mit den neuen Jobs hatten die ehemaligen NVA-Offiziere andere, besser zur neuen Zeit passende Frauen kennengelernt. Der Polizist verliebte sich in seine Polizeichefin, der Zollfahnder ganz romantisch in eine vietnamesische Zigarettenverkäuferin, der Sicherheitsexperte in eine Mitarbeiterin der deutschen Botschaft in der Republik Ukraine. Diese Mitarbeiterin war eine Einheimische mit sehr tiefem Ausschnitt. Sie beugte sich jeden Morgen tief über das Personalbuch, in dem sie eine Unterschrift zu leisten hatte. Der Sicherheitsexperte saß währenddessen neben der Schranke und beobachtete die Lage. Der wichtigste Teil der Arbeit eines Sicherheitsexperten ist, die Lage zu beobachten und scharf zu beurteilen. Er hat also auftragsgemäß den Ausschnitt genau beobachtet und scharf geurteilt – und schon war es um ihn geschehen. Der Fähnrich wiederum verlor sein Herz an eine junge Rekrutin.

Nicht einmal zehn Jahre nach der Wiedervereinigung waren so alle kleinen Schwäne alleinerziehend. Sie haben sich aber inzwischen in der neuen Realität gut eingelebt. Alle haben einen Job, verdienen genug Geld, und einige haben auch neue Lebenspartner gefunden. Die Vergangenheit soll vergessen sein, die dummen Tänze, die naiven Träume von damals. Nur wenn sie einmal im Monat zu uns nach Glücklitz herausfahren, zum See hinunterlaufen und die Schwäne füttern, kommt die Vergangenheit wieder hoch. Dann stehen sie stundenlang am Ufer und reden schlecht über deutsche Männer.

Der Forellenpuff

Der Mensch leidet bekanntlich unter Kontrollzwang. In jede vorhandene Ordnung versucht er, noch seine eigene Unterordnung einzubringen. Deswegen darf man in Deutschland nur an speziell eingerichteten Orten fischen, nachdem man die entsprechenden Angelscheine gekauft und eine Fischereiprüfung absolviert hat.

Die meisten frischgebackenen Berliner Angler zieht es gar nicht zum großen See. Der Weg ist zu lang, die Beute zu ungewiss. Die meisten ziehen es vor, am Wochenende an einem der vielen Teiche rund um Berlin ihr Anglerglück zu versuchen. Wenn ihnen da der große Fisch auch nicht an den Haken kommt, können sie ihn jederzeit im Fischladen kaufen, der zu jedem vernünftigen Teich dazugehört. Man darf sich den großen Fisch aus dem Laden sogar gegen einen kleinen Aufpreis an den Haken hängen und sich damit fotografieren lassen, um später mit dem Foto anzugeben. Doch so etwas Albernes machen nicht viele.

Mein Freund Alexander und ich haben uns ebenfalls für einen Teich entschieden: den Teich am Sacrower See, im Volk besser als Forellenpuff bekannt. Wir haben zuerst gerätselt, warum dieser Teich so einen abstrusen Namen hat. Genau genommen handelt es sich bei dieser Angleranlage um drei Teiche – zwei kleine und einen großen, der, so dachten wir, am besten zum Angeln geeignet war. Fische mögen Gras, dicht bewachsene Ufer und tiefes Wasser, so hatten wir es zumindest in einem Ratgeber gelesen. Doch als wir ankamen, stand an dem großen Teich kein einziger Angler, während die zwei kleinen Teiche geradezu belagert waren. Dort brummte das Leben. Viele waren mit Zelten und jeder Menge Ausrüstung angekommen. Manche Kollegen sahen aus, als hätten sie bereits ihr halbes Leben am Forellenpuff verbracht.

Die Anglergesellschaft an den kleinen Teichen fiel an diesem Wochenende stark multikulturell aus. Wir sahen eine große Zigeunerfamilie am Ufer und mehrere Russen, die laut in ihrer Heimatsprache telefonierten. Einer von ihnen wirkte sehr solide. Er hatte fünf Angeln am Ufer stehen, die mit speziellen Sensoren ausgestattet waren. Den Empfänger trug der Russe am Körper. Sollte er einen Fisch am Haken haben, würde es bei ihm in der Tasche klingeln, erklärte mir mein Freund Alexander.

»Ich rufe dich gleich zurück«, schrie der Sensoren-

Russe ins Telefon. »Hier passiert gerade etwas! Ich ziehe mit beiden Händen einen Riesenfisch aus dem Wasser, muss auflegen!«

Wahrscheinlich sprach er mit seiner Frau und wollte das endlose »Wann-kommst-du-nach-Hause«-Gespräch zügig beenden. In Wirklichkeit klingelte nämlich keine einzige seiner Angeln.

Wenn alle diese Menschen beschlossen haben, ihr Glück an den kleinen Teichen zu versuchen, dann gehen wir doch zu dem großen, dachten wir und warfen dort unsere Angeln aus. Das Plakat am Ufer des großen Teiches versprach Zander, Karpfen und sogar Welse, von Forellen ganz zu schweigen. Doch in den drei Stunden, die wir am Ufer verbrachten, meldete sich kein einziger Fisch vom Plakat bei uns. Frustriert gingen wir mehrfach zu unseren Nachbarn, um nachzuschauen, wie es bei ihnen lief. Dort lief die Anglerei prachtvoll. Jeder Russe hatte inzwischen fünf Forellen gefangen, und die Zigeunerfamilie kochte bereits eine duftende Fischsuppe am Ufer. Der Russe mit den ferngesteuerten Angeln erholte sich zwischen zwei Telefonaten. Wir nutzten seine Pause und fragten ihn, was wir wohl falsch machten. Welches Geheimnis ließ die Fische nur in den kleinen unbequemen Teichen leben und den großen gemütlichen meiden? Das widersprach doch den Gesetzen der Natur. Der Russe schaute uns ungläubig an.

»Ihr habt es noch immer nicht kapiert? Die Forellen

wurden heute eben in die kleinen Teiche geschmissen und nicht in den großen. Die Teichbetreiber machen, was sie wollen!«

Er nickte in Richtung des Fischladens. Auf einen Schlag wurde uns klar, warum der Forellenpuff so hieß. Du zahlst am Eingang, gehst rein und kannst dir entweder gleich einen von fremder Hand gefangenen Fisch kaufen oder deinen Jägerinstinkten folgend selbst einen angeln, der dir dafür an einer vorher verabredeten Stelle ins Wasser geworfen, wenn nicht gleich eingehakt wird. Wir waren etwas enttäuscht vom Forellenpuff.

»Ihr seid so naiv«, lachte uns der ferngesteuerte Russe aus. »Wann seid ihr überhaupt nach Deutschland gekommen? Der ganze Kapitalismus funktioniert doch wie ein Forellenpuff! Du kommst nur rein, wenn du zahlst, und du bekommst nur das, was dir hingeworfen wird. Alles ein Spiel. Und oft kannst du in diesem Puff nicht einmal richtig erkennen, ob du jetzt der Angler oder die Forelle bist«, setzte der Russe tief philosophisch hinzu.

Wir wechselten den Platz, warfen unsere Angeln neben den seinen aus und zogen ziemlich zügig die obligatorischen fünf Forellen aus dem Wasser. Die ferngesteuerten Angeln des Nachbarn lebten von Zeit zu Zeit auf. Anscheinend war eine neue Portion Fische in den Forellenpuff eingespeist worden, meinte unser Landsmann.

»Das tun sie immer zweimal am Tag. Einmal am frühen Morgen und einmal abends«, erklärte er.

Es dämmerte bereits. Die Zigeuner waren mit ihrer Suppe fertig, sie saßen am Lagerfeuer und stimmten ein langes nachdenkliches Lied über die Schwere und Unmöglichkeit eines Lebens in Freiheit an. Natürlich war das eine reine Vermutung. So genau wussten wir nicht, was die Zigeuner sangen. Vielleicht ging es in ihrem Lied auch bloß darum, wie gut Forellen an der frischen Luft schmeckten. Uns allerdings hatte die Anglerlust verlassen. Wir fühlten uns von den Puffbesitzern irgendwie verarscht, packten die Ausrüstung zusammen und fuhren nach Berlin. Die Forellen wollten wir zuerst verschenken, nahmen sie dann aber doch mit nach Hause und kochten aus ihnen eine köstliche Fischsuppe mit Thymian und geräucherten Zwiebeln, nach allen Regeln der postsozialistischen Gastronomie.

Der Weltuntergang wurde verschoben

Mit großer Neugier, Aufregung und Partys steuert die Menschheit jeden Winter ihrem Untergang entgegen. Bloß dieses Jahr hatte der zu erwartende Weltuntergang eine ziemlich miserable Grundlage – das Ende des Maya-Kalenders. Die Vorstellung, dass diese Indianer, die weder Schießpulver noch Eisen gekannt hatten, die keine Ahnung gehabt hatten, welche Form und welches Gewicht unsere Welt besaß, dass diese Menschen also irgendwelche speziellen Kenntnisse von deren Ende besaßen, war komisch. Die Erklärungen waren auch nicht besonders überzeugend, doch wie die Russen sagen: In einer Pfütze wird selbst ein Frosch wie ein Goldfisch behandelt. Weil wir chronisch an mangelnden Kenntnissen über unsere Zukunft leiden, haben wir das Ende des Indianer-Kalenders ernst genommen.

Besonders die Vertreter der Kirche taten sich mit bösen Warnungen hervor, besteht doch jede Weltreligion im Wesentlichen aus der Vorbereitung auf den einen oder anderen Weltuntergang und dem damit verbundenen Letzten Gericht, das aber nie zusammentritt, beziehungsweise ständig verschoben wird. Die Gläubigen treibt das nicht selten in den Wahnsinn oder versetzt sie in einen permanenten Warnblinkzustand. Sie blinken nach allen Seiten wie ein gefährlich geparktes Auto. Alle, die an solch einem Auto vorbeifahren, denken, hier wird sicher bald etwas passieren. Der Papst rief alle Menschen auf, angesichts des nahenden Unterganges gemeinsam zu beten und sich zu versöhnen. Die Protestanten behaupteten, die einzige Rettung sei, bis zum letzten Atemzug Gutes zu tun. Der Dalai-Lama, der fröhlichste und gleichgültigste von allen, sagte, jeder Untergang einer Welt bedeute gleichzeitig einen Neuanfang für eine andere, es drehe sich sowieso alles im Kreis.

Die Russisch-Orthodoxen rieben sich die Hände. Schluss mit der Warterei!, sagten sie, die Verzweiflung ist groß! Endlich wird der Mensch aus diesem Dreieck von Glaube, Liebe und Hoffnung befreit. Denn er hofft stets auf das Nebensächliche, zum Beispiel einen Sechser im Lotto zu gewinnen, er liebt das Falsche, zum Beispiel Bier und Fußball, und er glaubt an jeden Quatsch, zum Beispiel an Außerirdische. Wenn aber das Ende der Welt tatsächlich eintritt, wird er nicht mehr hoffen können oder glauben müssen. Er wird es lieben.

Die Russen bereiteten sich zu dem angesagten Datum, dem 21. Dezember, besonders gründlich auf das

Ende vor. Meine Freunde, alles große Spezialisten in Untergängen aller Art, empfahlen uns eindringlich, an dem Tag aufs Land zu fahren, am besten in unseren Garten, und dort ein Lagerfeuer anzuzünden. Ganz egal, ob man an die Sache glaube oder nicht, ein paar Streichholzschachteln mehr, ein paar Kerzen, Seife, Trockenbrot, Fleischkonserven und Alkoholika könnten nie schaden. Man könne sie zur Not ja auch nach dem Weltuntergang noch verbrauchen.

Ich glaubte zwar durchaus, dass unsere Welt irgendwann zu Ende gehen würde – wir leben in einer sehr unbeständigen Welt, kaum etwas ist hier von Dauer und gar nichts hält ewig –, doch an der Richtigkeit des Maya-Kalenders hatte ich große Zweifel. Grundsätzlich konnte ich mir nicht vorstellen, dass sie so weit, bis in unsere Tage, rechnen konnten und das auch noch richtig. Schließlich verschätzten sich auch die Russen stets in allen ihren Voraussagen. Sie hatten sich mit ihrer Monarchie verschätzt – plötzlich wollte der Zar kein Zar mehr sein –, und sie hatten sich mit dem Kommunismus verschätzt, weil ihnen das, was es im Kommunismus umsonst gab, nicht gefallen hat. Und genauso haben sie sich mit dem Kapitalismus verschätzt, bei dem es gar nichts mehr umsonst gab. Warum sollten sich also die Mayas bei der Weltuntergangsfrage nicht auch verschätzt haben?

In Deutschland redete man wie immer viel sachlicher

und tiefgründiger darüber als in Russland. Nicht nur die Kirchenmänner, auch Künstler, Intellektuelle und Politiker, alle versuchten in den Talkrunden als Weise einander über dieses Thema aufzuklären. In der Wahrnehmung der Untergangsfrage waren sie sich ziemlich einig. Alle sagten, der Untergang sei kein Event und keine Party, das passiere nicht von einem Tag auf den anderen. Er sei vielmehr ein Prozess. Ein langer Weg führe dorthin, der viel an Umweltverschmutzung, an politischer Inkompetenz, zwischenmenschlichen und religiösen Konflikten, Kriegen und Versagen politischer Parteien benötige. Es werde also noch eine Weile mit uns dauern. Die Mayas konnten vieles nicht vorausse-hen, es werde immer mal wieder ein weiteres Stück der uns bekannten Welt fehlen. Mal verschwänden vielleicht die Pinguine am Südpol, mal die Eisbären am Nord-pol, der Himmel werde immer seltener blau, nicht alle Bäume jedes Jahr grün, und irgendwann einmal würden wir auch selbst fehlen, so lautete das Fazit der Weisen.

Dessen ungeachtet ging das menschliche Treiben weiter wie bisher. Die Deutschen liehen den Griechen Geld und den Türken Boden-Luft-Raketen, verbaten sich gesetzlich Sex mit Tieren und wollten aus Afgha-nistan abmarschieren. Die Politik ist hierzulande aber zuletzt sehr kreativ geworden. Es würde sich niemand wundern, wenn demnächst die Griechen die Raketen und die Türken das Geld bekämen, Kuschelsex mit Tieren als Pflichtfach in der Grundschule eingeführt und in Afghanistan wieder einmarschiert würde. Die Politik hat für alles eine Erklärung parat. Und am interessantesten werden die Menschen, wenn sie durchdrehen. In Moskau, so berichtete mir ein Freund, hatte jemand aus Spaß in einem Wohnhaus den Strom abgedreht. Alle Bewohner schrien wie verrückt und liefen halbnackt auf die verschneite Straße. Und viele Mieter versuchten verzweifelt, in extrem kurzer Zeit sehr viel Geld auszugeben, was zu regelrechten Staus in einigen Nobelrestaurants führte.

Ich glaubte, wie gesagt, kein bisschen an diesen Untergangsquatsch. Für alle Fälle fuhren wir trotzdem an dem fraglichen Tag aufs Land. Man konnte ja nie wissen. Die Familie war einstimmig dafür, sogar unsere Kinder, die keine Kinder mehr sind, sondern ausgewachsene Erwachsene, die dummerweise nichts allein unternehmen dürfen, weil sie noch keine achtzehn Jahre alt sind. Sogar sie beschlossen ausnahmsweise, mit uns aufs Land zu fahren. Nur bestanden sie darauf, noch am gleichen Abend zurück nach Berlin gebracht zu werden. Sie hatten Angst, ihre angesagten Facebook-Weltuntergangspartys zu verpassen.

Nach den Berechnungen des Maya-Kalenders in der russischen Version sollte der Weltuntergang um 10.00 Uhr früh stattfinden. Dazu sollte ich die Zeitverschiebung und die dort fehlende Winterzeit einrechnen.

Bei den Russen passiert alles früher als in Mitteleuropa, das heißt, wenn sie schon untergegangen sind, wird in Europa noch auf den Tischen getanzt. Oder sollte man umgekehrt rechnen? Eigentlich ist es in Moskau, wenn ich dort anrufe, immer später als in Berlin. Andererseits, wenn wir Silvester feiern und kurz vor Mitternacht dort anrufen, um zu gratulieren, sind die Russen schon längst mit dem Feiern durch und unterm Tisch.

Nach meinen, sicherlich falschen Berechnungen sollte der Weltuntergang in Brandenburg um 13.00 Uhr eintreten. Wir setzten uns ins Auto und fuhren über leere Landstraßen. Auch die Dörfer, durch die wir kamen, wirkten verlassen, als hätte der Untergang bereits alle Bewohner Brandenburgs vorzeitig dahingerafft. Einen kurzen Moment lang hatte ich Zweifel, ob ich nicht tatsächlich den Termin falsch ausgerechnet hatte und wir die einzigen Überlebenden waren, mein Auto eine Art Arche, die statt auf dem Berg Ararat in Glücklitz landete. In meiner Verzweiflung stellte ich das Radio an, in der Angst, auf allen Kanälen nur das Rauschen des Weltalls zu hören. Doch das Radio sprach Gott sei Dank noch laut und deutlich. Der Brandenburger Rundfunk befragte seine Korrespondenten in aller Welt, was es Neues gäbe. Der Neuseeland-Korrespondent berichtete mit fröhlicher Stimme, gar nichts sei weg, alles sei wie immer da: das Wasser mit 23 Grad, die Luft mit über 30. Dabei war Neuseeland als erstes Land schon durch den Weltuntergang hindurchmarschiert. »Ist denn bei euch gar nichts anders geworden? Nicht einmal ein bisschen?«, bohrte der Moderator der Sendung nach. Er hörte sich deutlich enttäuscht an. In Australien sonnten sich die Menschen ebenfalls am Strand.

In Glücklitz lag Schnee. Anders als in Berlin war er hier weiß und kuschelig. Er lag auf den abgeernteten Maisfeldern, auf den Dächern der Häuser, der Kirche und der freiwilligen Feuerwehr. Auf Bäumen und Wegen, auf den Grabsteinen am Friedhof, überall lag Schnee. Und kein Mensch hatte auf diesem Schnee einen Fußabdruck hinterlassen, nicht einmal ein Pferd. Der See war eingefroren und unser kleiner Teich direkt am Haus ebenfalls. Als Erstes lief ich mit der Axt zum Teich, um das Eis einzuschlagen und den Fischen ein wenig Sauerstoff zu verschaffen. Wir besaßen seit dem Sommer lebende Fische im Teich. Damals hatte ich Besuch aus Moskau empfangen, einen alten Freund, der mich auslachte, als ich ihm erzählte, dass es mir aus rätselhaften Gründen nicht gelang, einen Fisch aus dem See zu angeln, obwohl es dort ganz sicher viele Fische gab. Er lachte und gab an, ein erfahrener Angler zu sein, der zu jeder Zeit aus jeder Pfütze einen Fisch herausholte. Das Entscheidende für den Erfolg des Anglers sei der Glaube, belehrte er mich. Man müsse nur glauben und hoffen, dann werde einem auch gegeben, predigte er. Ich nickte, glaubte ihm aber trotzdem nicht.

Wir gingen zum Fluss. Er stellte zwei Angeln am Ufer auf, und tatsächlich hatte er nach gerade einmal einer halben Stunde etwas am Haken. Der Schwimmer ging unter. Ich war sehr aufgeregt, mein Besuch aber blieb ruhig wie Buddha und zog mit geübter Handbewegung einen Goldfisch aus dem Wasser. Zumindest schien es mir so, dass der Fisch rot-golden glänzte. Vielleicht war aber nur die Sonne daran schuld.

Es war wie im Märchen: Er und ich, wir wurden mit einem zauberhaften Goldfisch belohnt. Er für seinen Glauben an den Erfolg des Unternehmens, ich dafür, dass ich trotz aller Widrigkeiten die Hoffnung nie aufgegeben hatte, etwas Anständiges zu fangen. Für Glaube, Hoffnung und Liebe zum Angeln bekamen wir nun einen goldenen Fisch, der uns alle Wünsche erfüllte. Oder mindestens die wichtigsten drei. Anders als die Goldfische in russischen Märchen sind die Zauberer in den europäischen Geschichten fast alle böse und hinterhältig. Bei den wenigen guten geht es in erster Linie darum, irgendwelche Prinzessinnen aus ihrem ewigen Schlaf mit einem Kuss zu wecken und mit ihnen Kinder zu zeugen. Der deutsche Adel hatte schon immer eine Überproduktion an Prinzessinnen, sodass man kaum noch wusste, wohin mit ihnen. Sie wurden überall in die Welt hinausgeschickt zum Geheiratetwerden. Eine ganze Reihe von ihnen landete dabei in Russland. Die nicht so schönen steckte man ins Kloster, aber trotzdem blieb noch eine erstaunliche Menge übrig. In den Märchen wurden sie eingeschläfert, und die Ritter ritten unermüdlich von Prinzessin zu Prinzessin, immer weiter und weiter.

In der russischen Folklore findet man selten Prinzessinnen, dafür jede Menge angelnde Iwans. Sie sitzen am Ufer und wissen nicht, wie es weitergehen soll. Und der Märchenerzähler scheint es auch nicht richtig zu wissen. Die Welt ist schlecht, die Männer böse, die Frauen gleichgültig, gierig und kalt. Wie soll man in einer schlechten Welt mit bösen Männern und kalten Frauen nur sein Herz verlieren? Und gibt es in dieser Welt überhaupt Fische? Kaum dass sich der verzweifelte Iwan diese Fragen stellt, schon hat er einen Goldfisch am Haken. Mindestens ein halbes Frühstück, denkt er erleichtert. Und plötzlich fängt der Fisch an, mit ihm zu reden. Er erklärt ihm, es sei alles falsch, woran er als Junge geglaubt habe. Die Welt sei in Wahrheit gut, die Menschen seien barmherzig, die Frauen schön. Es sei egal, ob man arm oder doof sei, Hauptsache frei. Deswegen würde er, der Goldfisch, dem Mann drei Wünsche erfüllen, wenn er ihn zurück ins Wasser werfe. Doch Iwan fiel auf die Schnelle nichts Gescheites ein: Immer wieder warf er den goldenen Zauberfisch ins Wasser und wünschte sich, einen goldenen Zauberfisch zu fangen, der ihm alle Wünsche erfüllen würde. So stehen sie noch heute am Ufer und kommen voneinander nicht los – Fisch wie Iwan, beide vom Zauber des Augenblicks hypnotisiert.

Ich habe mich als Kind immer sehr über die Dämlichkeit dieses Iwan aufgeregt, dem keine Wünsche einfielen. In meiner Phantasie habe ich in einer solchen Situation mit meinem ersten Wunsch gleich nach hunderttausend weiteren Wünschen gefragt. Für den Fall, dass mir der schlüpfrige Freund geantwortet hätte, dass ein Fisch nur drei Wünsche erfüllen könne, hätte ich mir gleich hunderttausend weitere Goldfische gewünscht. Nur leider kam er mir nie an den Haken, nur dem dummen Iwan aus dem Märchen und diesem realen Iwan, meinem Besuch aus Moskau. Der war aber von dem Fisch offensichtlich enttäuscht. Eine Karausche sagte er, das sei kein richtiger Fisch. Das sei eine Art Haustier wie ein Hund oder eine Katze. Mein Iwan nahm die Karausche trotzdem mit und warf sie in den kleinen Teich direkt vor unserem Haus, einen Kinderspielteich, den noch die ehemaligen Gartenbesitzerinnen Jeanette und Jacqueline mit unbekanntem Zweck angelegt hatten. Wahrscheinlich, um darin Frösche zu züchten.

Die Karausche fühlte sich in dem Teich sehr wohl, sie vermehrte sich sogar auf wundervolle Weise, und es wurden immer mehr Karauschen in dem Teich gesichtet. Ich fühlte mich für diese Hausfische zuständig und fütterte sie wie die Katzen im Garten und die Vögel auf dem Dach unseres Hauses, in der Hoffnung, dass es vielleicht in der zweiten oder dritten Karauschen-Generation einen Fisch geben würde, der sprechen und mir drei Wünsche erfüllen konnte. Dafür hätte ich ihn in die Freiheit, in den Glücklitzer See, gelassen. Ich überlegte mir schon ein paar Wünsche für diesen Fall. Mein erster wäre selbstverständlich Weltfrieden. Als Zweites und Drittes wollte ich singen und fliegen lernen. Ich bildete mir ein, diese Eigenschaften würden mein Leben von Grund auf ändern. Anstatt mich in einer von Sorgen und Kriegen umzingelten Welt dem Trinken und Nachdenken hinzugeben, würde ich mithilfe des Goldfisches in einer sorgenfreien, friedlichen Umgebung – etwa so wie Gagarin – herumfliegen und mit einer Engelsstimme die Menschen vollsingen. Vielleicht würde ich aber auch eine Rapper-Karriere starten, mit langsamem Rap für ältere Menschen, überlegte ich.

Die Fische fraßen fleißig die Brotkrümel, die ich ihnen in den Teich streute, aber sie redeten nicht mit mir. Jedes Mal, wenn ich mit einem Brötchen am Teich erschien, hatte ich das Gefühl, von den Fischen beobachtet zu werden. Es schien mir, ich würde ihre Augen sehen, die aus der Tiefe des Wassers zu mir heraufschauten. Die Brotkrümel fielen ins Wasser und waren von schnellen dunklen Schatten in Sekundenschnelle weggefangen. Ich gewöhnte mich langsam an die Karauschen-Familie.

Im Winter überzog sich der Teich mit einer Eiskruste,

und ich hatte Angst, meine Fische könnten unter dem Eis erfrieren. Aber in ihrem Blut ist eine Art natürlicher Alkohol vorhanden, der es selbst bei Frost nicht einfrieren lässt. Meine Freunde, alles erfahrene Angler, versicherten mir, Karauschen seien erstaunlich überlebensfähig, sie könnten selbst in einer Tiefkühltruhe überwintern. In der kalten Jahreszeit schlafen sie normalerweise, und im Schlaf verbrauchen sie sehr wenig Sauerstoff. Sie schlafen so lange, bis die Sonne irgendwann wieder wärmt. Dann erwachen sie zu neuem Leben, ohne älter oder verschlafen zu wirken.

Für alle Fälle schlug ich trotzdem ein großes Loch ins Eis des Teiches, um sicher zu sein, dass meine Karauschen noch da waren. Ich kontrollierte die Vogelessensvorräte und fütterte die Katzen, die sofort von allen Seiten ankamen und tiefe Spuren im Schnee hinterließen. Ich holte Holz und zündete den Kamin und die Kerzen an. Wenn schon Ende der Welt, dann sollten doch wenigstens alle satt und gewärmt abtreten.

Im russischen Radiosender schlug der Moderator Alarm. Die Untergangsspezialisten hätten noch einmal alles durchgerechnet und seien sich nicht einig geworden. Die einen behaupteten, das Ende würde zwar kommen, aber nicht um 11.00 Uhr, sondern um 15.00 Uhr stattfinden. Die Optimisten unter den Experten sagten, das Ende sei noch gar nicht sicher, wenn es aber doch käme, dann erst um 19.30 Uhr abends – das wäre der von den Mayas errechnete Zeitpunkt. Die orthodo-xen Popen warnten vor großen Staus auf den Straßen, die bei dieser Gelegenheit eventuell entstehen könnten. Während des Letzten Gerichts würden wahrscheinlich große Menschenströme entstehen, wenn die Sünder Richtung Hölle abgingen, während die Gerechten ihnen entgegenkamen und gen Himmel stürmten. Die Stra-ßen seien aber vereist, die Wege für die meisten unbe-kannt. Die Gefahr, dass die Menschen einander bei die-ser Umsiedlung niedertrampelten, sei deswegen groß, prophezeiten die Kirchenbeauftragten.

Ich ging durch das Dorf spazieren. In Glücklitz gab es weit und breit keine Staus. Der ganze Ort wirkte leer und verlassen, als hätte der Weltuntergang hier schon längst stattgefunden. Es dämmerte bereits, ich traf kei-nen einzigen Menschen auf der Straße. Nur im Fens-ter von Herrn Köpke leuchtete das Fernsehgerät mit ei-nem vorweihnachtlichen Programm. Auf dem Friedhof lagen verwelkte erfrorene Rosen auf verschneiten Grä-bern. Die freiwillige Feuerwehr zeigte ein völliges Des-interesse am möglichen Ende, ihr Tor war verriegelt. Vor der ebenfalls verschlossenen Kirche hing ein Transpa-rent: Die Protestanten luden alle abwesenden Glück-litzer zum Neujahrskonzert ein. Chor und Orgelmusik seien geplant.

Trotz der Kälte und dem Wind, der mir unter die Jacke kroch, ging ich um das ganze Dorf herum. Beinahe verlief ich mich in diesem kleinen Kaff, wegen der Besonderheiten der Glücklitzer Architektur. Während die meisten Städte und Dörfer ihre Straßen wie in einem Kreuzworträtsel bauen, mit Kreuzungen und Ecken, sodass man, egal wie betrunken, immer nach Hause findet, wenn man sich an eine Wand hält, sind die Glücklitzer Straßen kreisförmig angelegt. Alle drei Straßen gehen in einer Art Spirale ineinander über. Sie bilden eine Art Grenze, die den Ort von dem Wald und dem Wasser abgrenzt, sie umkreisen das Zentrum des Dorfes, einen zentralen Platz, wo nichts ist. Ein leeres Feld.

Die Glücklitzer können sehr gut mit diesem Nichts umgehen. Während die Menschen in den Großstädten Angst vor Nichts haben und stets versuchen, jedes leere Feld mit Inhalten vollzustopfen, mit Wohnhäusern, Denkmälern oder Geschäften, oder wenigstens ein paar Stühle hinzustellen, um das Loch in der Weltschöpfung zu stopfen, begreifen die Glücklitzer das Nichts als Luxus, als einen natürlichen Zustand, ein Ding für sich. Sie schöpfen daraus kreative Kraft und Energie. In anderen deutschen Dörfern versuchen die Einwohner das Nichts einzuordnen. Sie grenzen es erst einmal ein und stellen Verbotsschilder auf, auf denen steht, was man im Nichts alles nicht tun darf. Und schon hat man statt eines metaphysischen Flecks eine stinknormale deutsche Wiese. In Glücklitz standen dort den

Sommer über manchmal Pferde, die ich ebenfalls gefüttert habe. Manchmal weideten auch Schafe auf dem leeren Feld. Am Tag des vermeintlichen Weltuntergangs stand nur ein Esel im Nichts, an einen Pfahl gebunden. Wahrscheinlich fror er, oder er ahnte Schlimmes. Auf jeden Fall lief er im Kreis herum, und ich lief um den Esel herum, die Erde lief um die Sonne, und die Sonne um irgendetwas anderes. Es schien unmöglich, diesen Kreislauf zu unterbrechen.

Wie spät mag es sein?, fragte ich in die Leere. Seit dem Kindergarten trage ich keine Uhr mehr. Der Himmel war inzwischen dunkel geworden, der Wind hatte sich verstärkt, nach meinem Zeitgefühl zu urteilen hatten wir den Weltuntergang um 15.00 Uhr schon überstanden und den um 19.30 Uhr ebenfalls. Es sei denn, er wurde wieder von den Russen verschoben. Die hatten schon immer Probleme mit der Zeitrechnung gehabt. Diese Probleme habe ich ebenfalls. Als ich auf die Welt kam, war die russische Revolution gerade fünfzig Jahre alt geworden. Mit dem Alter hatte sie viele ihrer Versprechen eingebüßt. Freiheit schloss die Gleichheit aus, und die Brüderlichkeit wurde von Schadenfreude zersetzt. Doch wir dachten damals, eine neue Zeit würde kommen und die alten Werte wieder mit Leben füllen. Wir wussten nur nicht, wann genau das sein würde. Alle schauten neugierig auf die Uhr. Die größte hing am Kremlturm, und jeder Bürger hatte eine eigene am Armband. Besonders Pünktliche trugen sogar mehrere Uhren.

Ich hatte bereits als Fünfjähriger eine Uhr von meinem Onkel geschenkt bekommen. Er arbeitete damals in einer berühmten Moskauer Fabrik, die Uhren produzierte. In seiner Wohnung tickte es überall – in der Küche, im Bad, sogar auf der Toilette. Er händigte mir also zum fünften Geburtstag eine Armbanduhr aus und erklärte, wie sie funktionierte.

»Schau genau hin«, sagte der Onkel. »Ein kurzer Pfeil zeigt auf sieben, der andere, längere auf zehn, das heißt es ist sieben Uhr zehn.«

Am nächsten Tag ging ich in den Kindergarten und zeigte allen stolz meine Uhr.

»Und? Wie spät ist jetzt?«, fragten mich die Kindergartengenossen. Die Pfeile hatten ihre Position inzwischen verändert. Der eine zeigte nicht mehr auf sieben, der andere nicht mehr auf zehn.

»Das ist noch nicht ganz raus, aber wir haben noch Zeit«, sagte ich nachdenklich.

Seitdem schaue ich nur noch selten auf eine Uhr. Ich weiß, es ist nie ganz raus, und die Zeit, die wir haben, können wir sowieso nicht behalten. Wir können nicht sagen, ach, es war eine so schöne Zeit, darf ich mir davon noch ein wenig einpacken? Oder umgekehrt: Diese Zeit ist schlecht, kann ich etwas vorspulen? Selbst wenn man hundert Uhren mitschleppt, wird man die Zeit weder mitnehmen noch ihr ausweichen können. Sie entzieht sich unserer Kontrolle.

In der modernen Schule, so hat es mir mein Sohn erzählt, darf man neuerdings bei der Schulleitung mehr Zeit zum Nachdenken beantragen – schriftlich. Das heißt, wenn alle Schüler ihre Schreibarbeiten nach einer halben Stunde abgegeben haben, hat der Antragsteller noch zehn Minuten zusätzlich Zeit. Allerdings bekommt man diesen Antrag auf Zeitverlängerung nicht einfach so genehmigt. Man muss zum Arzt gehen, sich untersuchen lassen, und nur, wenn eine Konzentrationsschwäche nachgewiesen ist, wird einem der Zeitaufschub gewährt. Das Ganze ist sicher Augenwischerei. Man gewinnt ein wenig Zeit, verliert aber massiv an Respekt auf dem Schulhof, wird als doofe Bremse verspottet und bekommt nicht unbedingt bessere Noten.

Später, im Erwachsenenalter, versiegt auch diese Möglichkeit, zusätzliche Zeit zu gewinnen. Erwachsene haben in der Regel niemanden, den sie schriftlich um mehr Zeit zum Nachdenken bitten könnten. Deswegen leben sie in ständiger Angst, dass mit ihrer Zeit irgendetwas nicht stimmt, dass sie stehen bleibt oder zu schnell läuft oder plötzlich zu Ende ist. Deswegen trage ich zum Beispiel keine Uhr. Und ich glaube auch nicht an das Ende der Welt. Das heißt, natürlich hat auch diese unsere Welt ein Ende. Nichts hält ewig, sogar Fischstäbchen werden früher oder später schlecht. Das

Ende wird aber nicht heute und nicht morgen eintreten. Natürlich wird es jedes Jahr im Winter etwas dunkler und kälter werden, schwarzer Schnee wird fallen, besonders in Industriegebieten. Die Sonne kann ab und zu vergessen, am Himmel zu erscheinen, und einige Sterne gehen immer wieder aus. Wenn man aber nicht auf die Uhr schaut und nicht zu viel darüber nachdenkt, wie spät es ist, wird sich bereits im März die Dunkelheit wieder verziehen, die Tage werden länger und die Nächte kürzer. Also, wir haben noch Zeit.

Wladimir Kaminer

wurde 1967 in Moskau geboren und lebt seit 1990 in Berlin.
Er veröffentlicht regelmäßig Texte in verschiedenen Zeitungen
und Zeitschriften und organisiert Veranstaltungen wie seine
mittlerweile international berühmte »Russendisko«. Mit der
gleichnamigen Erzählsammlung sowie zahlreichen weiteren
Büchern avancierte er zu einem der beliebtesten und gefragtes-
ten Autoren Deutschlands. Alle Bücher von Wladimir Kaminer
gibt es von ihm selbst gelesen auch als Hörbuch. Mehr Informationen zum Autor unter www.wladimir-kaminer.de.

<u>Von Wladimir Kaminer lieferbar:</u>

Russendisko. Erzählungen · Militärmusik. Roman · Schönhauser Allee. Erzählungen · Die Reise nach Trulala. Erzählungen ·
Mein deutsches Dschungelbuch. Erzählungen · Ich mache mir
Sorgen, Mama. Erzählungen · Karaoke. Erzählungen · Küche
totalitär – Das Kochbuch des Sozialismus. Erzählungen · Ich
bin kein Berliner – Ein Reiseführer für faule Touristen. Erzählungen · Mein Leben im Schrebergarten. Erzählungen · Salve
Papa. Erzählungen · Es gab keinen Sex im Sozialismus. Erzählungen · Meine russischen Nachbarn. Erzählungen · Meine
kaukasische Schwiegermutter. Erzählungen · Liebesgrüße aus
Deutschland. Erzählungen · Onkel Wanja kommt – Eine Reise
durch die Nacht. Erzählungen · Diesseits von Eden – Neues
aus dem Garten. Erzählungen · Coole Eltern leben länger.
Geschichten vom Erwachsenwerden

Sämtliche Titel sind auch als E-Book erhältlich

G GOLDMANN
Lesen erleben

Wladimir Kaminer
Coole Eltern leben länger

192 Seiten
ISBN 978-3-442-54729-6
auch als E-Book erhältlich.
Erscheint Ende August 2014

Wenn die Kinder erwachsen werden, beginnt für viele Eltern ein Albtraum namens Pubertät. Das muss nicht sein! Wladimir Kaminer und seine Familie stürzen sich munter in dieses Abenteuer aus Facebook-Partys, unsichtbaren Schnurrbärten, Liebeskummer und der Frage, ob man das Haus in einer kreativ zerlöcherten Jeans verlassen darf, die kaum noch als Rock durchgehen würde. Die Rebellion im Kinderzimmer ist ohnehin nicht aufzuhalten, besser also, sich mit Gelassenheit zu wappnen, die Flatrate jenes Anbieters zu erwerben, bei dem die Freundin des Sohnes Kundin ist, und die Kinder auch einmal in Ruhe vor sich hin reifen lassen.

Überall, wo es Bücher gibt, und **MANHATTAN** unter www.manhattan-verlag.de